JN283886

池上彰の憲法入門

池上彰 Ikegami Akira

★——ちくまプリマー新書

204

はじめに――憲法は実は身近なもの

毎年五月三日の憲法記念日に合わせて、新聞各社は憲法に関する世論調査を実施します。それによると、最近は「憲法改正」に賛成する人の比率が反対の人を上回っています。日本の世論は、憲法改正論者が増えているようです。

こうした世論が背景にあるのかどうか、このところニュースでも憲法がしばしば取り上げられるようになりました。とりわけ二〇一二年暮れに自民党の安倍晋三《あべしんぞう》政権が誕生してからは、取り上げられる頻度が高まりました。安倍首相が憲法改正に意欲を燃やしているからです。

自民党は、一九五五年の結党以来、憲法改正を主張してきた政党です。ところが、憲法改正を国民に問う（これを「発議《はつぎ》」といいます）ためには衆議院と参議院の両方で三分の二以上の議員の賛成が必要です。自民党は、そこまでの勢力を確保することができず、長く諦めムードでした。

また、自民党内部にも、「憲法を敢《あ》えて変える必要はない」と考える勢力もあり、護憲派の首相が在任したこともあって、憲法改正は、長らく政治的なテーマにはならずにきました。

しかし、安倍晋三氏は、筋金入りの憲法改正論者です。第一次安倍内閣のときには、憲法改正を急ぎ過ぎて失敗したという反省から、第二次安倍内閣では、経済を回復させて国民の支持率を高め、それを背景に憲法を改正しようと考えています。

改正したい憲法の条文は第九条です。しかし、いっぺんに九条を変えるにはハードルが高いと考えたのでしょう。まずは、憲法第九六条を変えることから始めようと宣言しました。憲法第九六条は、憲法改正手続きを定めた条文です。憲法改正を発議するための条件を、「衆参両院議員の三分の二」から「過半数」に変えて、憲法を変えやすくし、その上で第九条を変えようというのです。

これには、憲法改正論者からも批判があります。「第九条を変えたいのであれば、堂々と主張すればいいのであり、第九六条を変えるというのは筋違いだ」というわけです。

二〇一三年四月の毎日新聞の世論調査によると、「憲法を改正すべきだと思う」は六〇%で、「思わない」の三二%を大きく上回りましたが、改正の手続きを「三分の二」から「過半数」に引き下げることについては、反対が四六%で、賛成の四二%を上回りました。

憲法は変えるべきだが、変えやすくすることには反対だ、と考えている人が多いことがわかります。

この調査では、第九条を変えるべきかどうかについても尋ねています。その結果は、「改正すべきだと思う」が四六％で、「思わない」の三七％を上回りました。

第九条を変えるべきかどうかに関しては、二〇〇七年八月にＮＨＫが世論調査した時点では、「改正する必要があると思う」と答えた人は二八％だったのに対し、「改正する必要はないと思う」が四一％でした。ここ六年ほどで、第九条を変えるべきだと考える人が急増しています。ここには、日本を取り巻く国際情勢の変化も影響しているのでしょう。


憲法がニュースになるのは、第九条や第九六条の改正問題であることが多いため、「憲法は私たちの暮らしには関係ない」と思っている人が多いのではないでしょうか。でも、実はそうではないのです。

たとえば、お隣中国の大気汚染が大きなニュースになりますが、日本は、それほどひどい状態ではありません。どうしてか。日本国憲法第二五条に、次のように書かれているからです。

【日本国憲法】

第二五条　すべて国民は、健康で文化的な最低限度の生活を営む権利を有する。

②　国は、すべての生活部面について、社会福祉、社会保障及び公衆衛生の向上及び増進に努めなければならない。

大気汚染が進み、河川も汚れていては、「健康で文化的な生活」が送れません。「公衆衛生の向上及び増進」のためには、大気や河川の汚染を減らさなくてはなりません。

一九六〇年代から七〇年代の日本は、いまの中国のように汚染がひどい状態でした。でも、憲法の精神にもとづいて努力した結果、現在の日本があります。私たちの暮らしは、憲法によって守られているのです。

日本では、歳をとると年金が受け取れます。決して十分な金額ではなかったり、年金制度の維持がむずかしくなっていたりという報道もありますが、まがりなりにも年金制度が誕生して維持されているのも、第二五条で「社会福祉、社会保障」の「向上及び増進」が求められているからなのです。

憲法は、なんだかむずかしい。

そんな思いの人もいることでしょう。でも、私たちの生活の基盤を作っているのが憲法なのです。

憲法第九条を変えて、日本が軍隊を持つようになると（すでに自衛隊を持っていますが）、何が変わるのでしょうか。

憲法に関する世論調査に答えている人も、みんなが憲法をきちんと読んでいるわけではありません。

しかし、憲法のことを知らないで、憲法改正について論じることが、果たしてできるのでしょうか。

憲法は、「国のかたち」を決めるものです。ということは、憲法を考えることは、国のかたちを考えることでもあります。日本国憲法を考えることは、日本という国を考えることでもあるのです。

では、どう考えるべきなのか。まずは、この本を読んで、憲法について、そして日本のあるべき姿について考えてみてください。

筑摩書房編集者の伊藤笑子さんが、「子ども向けに憲法の本を書きませんか」と私を訪ねて来たことから、二〇〇五年に『憲法はむずかしくない』という題名での初版が出版されました。おかげさまで、子どもたちのみならず、多くの人に読んでいただけました。

しかし、その後、さまざまな事態の変化があり、憲法改正論議が現実味を帯びてきたことから、改訂版を出そうということになり、内容を全面的に書き換えました。まったく別の本になったと言ってもいいでしょう。そこで、題名も変えて出版することにしました。

全面書き換えを機会に、改めて私も憲法を何度も何度も読み直しました。自分自身が一番勉強になったと思っています。そして、日本という国のあり方を、ますます考えるようになりました。

一緒に、日本の国の将来を考えてみましょう。

目次 ＊ Contents

第5章　第九条が常に争点になってきた

イラスト＝藤井龍二

▼総理大臣などの肩書は、特にことわり書きのないものは本書刊行時のものです。

第1章

そもそも憲法ってなんだろう？

▼憲法は国家権力をしばるもの

憲法とは、そもそもどういうものなのか。ちょっと考えてみましょう。

憲法とは、簡単に言えば、その国の「法律の親分」のようなもの。一番上に憲法があって、その下にさまざまな法律が存在している、というイメージでしょうか。

でも、憲法は単に「法律の親分」ではないのです。法律は国民ひとりひとりが守るべきものですが、**憲法は、その国の権力者が守るべきものだからです**。

そもそも憲法は、国家権力を制限して、国民の自由と権利を保障するものです。

たとえばイギリスでは、一七世紀、国王と議会がたびたび対立しました。国王が勝手な振る舞いをして国民を苦しめることが多く、これに怒った議会のメンバーは、国王の力を制限する「権利の章典」を制定しました。これは「名誉革命」と呼ばれています。国王の力を、憲法のもとで制限してしまおうというものでした。「王様にだって、守るべきルールはある」というわけです。ここでは、議会と国民の権利を定め、議会の同意を得ないで法律を適用したり廃止したりすることを禁止しました。議会の同意がない課税も禁止。議会選挙の自由や議会内での発言の自由などが定められていました。

憲法は国の
権力者が守る
べきもの
法律は
国民が
守る
べきもの
憲法
法律
憲法に違反
するものは
つくれない
規則や命令

その後も、議会が国王と対立しながら、少しずつ国王の力を減らし、議会が力を持つようになりました。

このように、**国家権力を制限する憲法にもとづいて政治を行うことを「立憲主義」といいます。**

ちなみに、イギリスには、アメリカや日本のような実際の文章になった憲法（成文《せいぶん》憲法）はありません。「イギリス憲法」というものは存在しないのです。でも、過去の慣習や裁判の判例を積み重ね、それを守ることで、憲法が存在する実態を作り上げてきました。このように実際に文章に記されたものがないので、「不文《ふぶん》（不成文）憲法」といいます。なんだか不思議な感じがしますが、みんなが伝統と慣習を守り続けてきたことによって成り立ってきた仕組みです。

憲法と法律の関係は、次のように区別することができるでしょう。

憲法は、権力者が勝手なことをしないように、国民がその力をしばるもの。

法律は、世の中の秩序を維持するために、国民が守らなければならないもの。

▼ジョン・ロックの思想が背景にある

こうした憲法の基礎になる考え方は、一七世紀のイギリスの思想家**ジョン・ロック**が打ち出した「**社会契約説**」です。

1　人間は生まれながらに自由で平等であり、生まれながらの権利（自然権）を持っている。
2　その自然権を確実なものにするため、人々は「社会契約」を結び、政府の権力に委《ゆだ》ねる。
3　もし政府が権力を乱用したら、人々（人民）はこれに抵抗し、政府を作り変える権利がある。

つまり、**人々は生まれながらの権利を守るために、政府を作るが、政府が勝手なことをしたら政府を作り変えてしまう権利を持っている、**という考え方です。

実は明治憲法（大日本帝国憲法）も、立憲主義にもとづいて生まれたのです。たとえば第四条には、こう書いてあります。

【大日本帝国憲法】
第四条　天皇ハ国ノ元首ニシテ統治権ヲ総攬《そうらん》シ此《こ》ノ憲法ノ条規ニ依《よ》リ之《これ》ヲ行フ

文語体なので、むずかしいですね。これをやさしい現代語に直すと、次のようになります。

第四条　天皇は国家元首であり、国のすべての仕事を行うことができる。ただし、その場合は、この憲法の条文にもとづいて行う。

天皇は絶対権力を持っていることがわかりますが、それでも勝手なことはできません。憲法に定められた条文にもとづいて実行することが決められています。これぞ立憲君主制です。天皇は絶大な権限を持っているけれど、天皇もまた憲法の規定は守らなければならないのです。

さらに第九条を見ると、天皇は、法律を執行するために必要な命令を出すことができるけれど、命令で法律を変えることはできないと定められています。法律を制定するのは議会だからです。

こうした立憲主義の考え方について、明治憲法を制定する過程で中心になった伊藤博文《いとうひろぶみ》は、次のような趣旨を述べています。原文は文語体なので、ここでも現代文に直して趣旨を紹介します。

憲法を創設する精神は、第一に君権（天皇の権利）を制限し、第二に臣民《しんみん》（天皇のもとの国民）の権利を保護することである。もし憲法に臣民の権利を書かず、責任のみを書くのであれば、憲法を設ける必要はない。いかなる国でも臣民の権利を保護せず、君主の権限を制限しなければ、臣民には無限の責任があり、君主には無限の権力があることになってしまう。これは「君主専制国」である。君主の権力を制限し、臣民にはどんな義務と権利があるかを憲法に明記して初めて憲法の骨子が備わるのだ。（『枢密院《すうみついん》会議筆記・一、憲法草案・明治二十一年自六月十八日至七月十三日』を元に現代文に意訳）

どうですか。ちょっと意外な気がしませんか。明治憲法は、天皇主権で国民の権利が制限されていたと習ったのではないでしょうか。それはそうなのですが、権力者の力を制限するのが近代国家の憲法だと伊藤博文は説いているのです。

人々の権利を守るために、政府が守るべきもの。それが、憲法です。**私たちの日本国憲法**

も、この考え方が貫かれています。

一方、中華人民共和国憲法では、「中華人民共和国は中国共産党の指導に従う」という趣旨の文言があります（樋《ひ》口《ぐち》陽一・吉田《よしだ》善明編『解説　世界憲法集』）。これは北朝鮮も同じ。朝鮮民主主義人民共和国憲法では、「共和国は朝鮮労働党の領導に従う」とあります。「領導」とは、指導を強調した表現です。こうした国では、憲法は権力をしばっていません。共産党や労働党が国民をしばっています。「憲法」という名称であっても、立憲主義ではない国家体制もあるのです。

では、日本国憲法は、どうやって生まれたのか。次の章で見てみましょう。

第2章

日本国憲法はこうして生まれた

▼戦争に負けて憲法を改正することになった

一九四五年八月一五日。アジア・太平洋戦争を戦ってきた日本は「ポツダム宣言」を受け入れて連合国に降伏し、戦争が終わりました。

日本が降伏する一か月前、アメリカ、イギリス、ソ連の三か国の代表がドイツのポツダムという町に集まり、日本の降伏を求めて、降伏の条件を示す宣言を発表しました。これが**「ポツダム宣言」**です。

ここでは、日本に対して、**言論の自由を守り、基本的人権を尊重し、平和な政府を作ることを求めていました。日本としてこの宣言を受け入れた以上、こうした求めに応じて、日本国内の改革を進めることになったのです。**

戦争中、日本国内では、戦争に反対する者は逮捕され、拷問《ごうもん》を受けました。言論の自由が存在しませんでした。さまざまな宗教団体が弾圧されました。信教の自由もなくなっていました。国民の基本的人権が守られていなかったのです。基本的人権が守られなかったのは憲法に問題があったから、ということになります。

日本が降伏すると、アメリカ軍を中心にした連合国軍が日本を占領し、ダグラス・マッカ

戦後、言論の自由を得て様々な雑誌が刊行され賑わう書店（1946年5月、写真提供＝毎日新聞社）

ーサー連合国軍最高司令官が日本政府に対して命令を下すという体制ができました。

この頃、日本人はどんな思いでアメリカの占領を受け入れたのでしょうか。作家の高見順の日記を見てみましょう。

この年の九月二九日の新聞が日本政府によって発禁（発売禁止）になったのに対して、翌日、連合国軍は、発禁を取り消しました。これについて作家の高見順は、九月三〇日の日記に、こう書いています。

昨日の新聞が発禁になったが、マッカーサー司令部がその発禁に対して解除命令を出した。そうして新聞並びに言論の自由に対する新措置の指令を下した。

これでもう何でも自由に書けるのである！　これでもう何でも自由に出版できるのである！

生れて初めての自由！

自国の政府により当然国民に与えられるべきであった自由が与えられずに、自国を占領した他国の軍隊によって初めて自由が与えられるとは、――かえりみて羞恥の感なきを得ない。日本を愛する者として、日本のために恥かしい。戦に負け、占領軍が入ってきたので、自由が束縛されたというのなら分るが、逆に自由を保障されたのである。なんという恥かしいことだろう。（高見順『敗戦日記』）

「羞恥の感なきを得ない」とは、「恥ずかしい思いだ」という意味です。高見順にすると、言論・表現の自由を自国の政府によって与えられるのではなく、日本を占領したアメリカによってもたらされたことが恥ずかしかったのです。

高見順ばかりでなく、アメリカ軍に占領されたことによって、「これからはもっと自由になる」と感じた日本人も多かったようです。

マッカーサー司令官は、一九四五年一〇月、新しく総理大臣に就任した幣原《しではら》喜重郎に対して、「憲法の自由主義化」を求めます。**天皇に絶対的な権力を認めていた大日本帝国憲法（明治憲法）の改正を求めた**のです。

この求めに応じて、幣原内閣は、松本烝治《じょうじ》国務大臣を責任者にして、「憲法問題調査委員会」を作り、明治憲法の改正について検討を始めました。

▼明治憲法と大差のない日本案が作られたが……

憲法問題調査委員会はゆっくりとしたペースで憲法改正案作りを進めましたが、天皇が絶対的な権限を持っていた明治憲法の基本を変えるつもりはありませんでした。

委員会は、委員がいくつかの案を出して検討しましたが、いずれも大差なく、松本委員長による案が有力なものになっていました。その案では、明治憲法で「天皇ハ神聖ニシテ侵スヘカラス」となっていた部分が、「天皇ハ至尊ニシテ侵スヘカラス」と言い換える程度のものでした。

「天皇ハ陸海軍ヲ統帥ス」という部分は、「天皇ハ軍ヲ統帥ス」になるだけでした。「統帥」とは、軍隊に命令できることです。天皇が日本の軍隊を命令する力を引き続き持つ、という内容でした。

毎日新聞
憲法改正 調査會の試案
立憲君主主義を確立
國民に勤勞の權利義務
議會に常置機關
物資面の施策と
通貨面の強行策
支拂制限實效なし
改正試案の全貌
大臣は議會にも責任
衆院の豫算審議權尊重
千島、樺太はソ聯領
秘密協定を確認

1946年2月1日の毎日新聞に掲載された憲法問題調査委員会試案

天皇は、帝国議会閉会中に緊急事態が発生したら、法律に代わる勅令《ちょくれい》を出せることも、明治憲法と変わりませんでした。「勅令」とは天皇の命令のこと。国民の代表である国会議員が法律を作るのではなく、天皇が法律を作れるというものでした。

国民のことも、「臣民《しんみん》」（天皇の忠実な部下）という表現のまま残すつもりでした。「臣民は、法律によらなければ自由と権利を侵されることはない」という意味の条文もありました。つまり、国民の自由や権利を侵す法律を作ることが認められていたのです。

▼毎日新聞のスクープで流れが変わった

一九四六年二月一日。毎日新聞の朝刊一面に、

「憲法改正政府試案」が掲載されました。憲法問題調査委員会が検討していた案を報道したのです。

「天皇の統治権不変」という内容でした。「天皇が日本の政治を行う力を引き続き持つ」という意味です。明治憲法と内容に大差ないものでした。

完全なスクープでした。実はここに紹介された案自体は、委員会としての正式なものではなく、ひとりの委員が独自にまとめたものでしたが、正式な案とそれほど異なるものではありませんでした。

しかし、このスクープが、憲法案作りの流れを大きく変えるものになりました。**毎日新聞のスクープ記事（の翻訳）を読んだマッカーサー司令官が、激怒したのです。**マッカーサー司令官にしてみれば、明治憲法を大幅に民主化した憲法を作るように日本に求めていたのに、**日本側の案は、明治憲法と大して変わらず、国民主権や基本的人権、平和主義などの原則が入っていなかったからです。**

▼怒ったマッカーサーが示した三条件とは?

二月三日、連合国軍総司令部（ＧＨＱ）の民政局次長だったチャールズ・ケーディス大佐が、民政局長に呼び出されました。コートニー・ホイットニー民政局長は、ケーディス大佐に対して、日本国憲法の草案を書くように命令しました。マッカーサー司令官の命令を伝達したのです。

日本側が検討している憲法改正案は、毎日新聞のスクープで知ったが、アメリカとして、とても受け入れられない。しかし、日本側の案が正式に出来上がってしまうと、それを強制的に書き直させるのはむずかしくなる。だったら、日本側の案が出来る前に、アメリカが指針を示し、それにもとづいて日本側に改正案を作らせよう。これがマッカーサー司令官の考えでした。

二月一二日に、連合国軍総司令部と日本の吉田《よしだ》茂外相との会談が予定されていました。この席上、日本側から憲法改正試案の説明が行われます。アメリカとしては、その説明を聞いてから希望を述べるのではなく、その場でアメリカ案を示して、日本の機先を制してしまうことにしました。そのためには、それまでにアメリカ側の指針（アメリカによる日本国憲法草案）を作る必要がある、というものでした。つまり、**いまから九日間で日本国憲法の草案を作ってしまえ、という命令だったのです。**

このとき、ケーディス大佐には、マッカーサー司令官が打ち出した三つの条件が示されました。これが**「マッカーサー・ノート」**と呼ばれるものです。次のようなものでした。

1　天皇は国のヘッドである。天皇の仕事は憲法にもとづいて行われる。
2　日本は紛争を解決する手段としての戦争ばかりでなく、自国を守るための戦争も放棄する。陸海空軍は持たない。
3　封建制度は廃止する。

日本国憲法は、以上の三つの条件を満たす内容でなければならない、というのです。

当時の連合国の中には、オーストラリアやニュージーランドなど、天皇は戦争犯罪人として処罰すべきだという主張を持っている国がありました。

これに対してマッカーサー司令官は、天皇を戦犯に問い処罰すると、日本国民の反発が激しくなり、戦後の日本を統治するのが困難になると考え、天皇の責任は問わない方針でした。憲法でも、天皇の存在を認めるべきだと考えていました。天皇制に反対する国々の主張が強くなる前に、天皇の存在を認める日本国憲法を早く作ってしまおうとマッカーサー司令官は考えていたのです。

▼アメリカ占領軍が九日間で憲法草案を作成した

日本国憲法草案作成に与えられた時間は、わずか九日間でした。しかも、日本側に草案を示すまで、そもそもアメリカが草案を作っていること自体を秘密にすることになっていました。

直ちに民政局のメンバー二五人が集められ、密かに憲法草案を作ることになりました。二五人は、アメリカ軍の将校が中心になり、民間人も加わりましたが、将校の多くは、もともと弁護士や政府の役人、政治学者、ジャーナリストなどの仕事を経験していました。優秀なスタッフがそろっていたのです。ケーディス大佐自身も、弁護士でした。

草案作成メンバー二五人は、七つの小委員会に分かれ、それぞれの担当部分の草案を作ります。それを小委員会の上部の運営委員会で検討して完成させる、という作業手順で行われることになりました。

憲法の条文の構成は、なるべく明治憲法をそのまま残すことにしました。明治憲法の改正として新しい憲法を作るためでした。このため、新しい憲法案でも、天皇の条文から始まっています。

メンバーは、憲法案作りに当たって、誕生したばかりの国際連合の国連憲章や人権宣言を参考にしたばかりでなく、アメリカ合衆国憲法はもとより、ドイツのワイマール憲法、フィンランド憲法、ソビエト憲法なども参考にしました。

憲法案を作る過程では、マッカーサー三原則が修正された部分もありました。マッカーサー三原則には、「自国を守るための戦争も放棄する」とありましたが、この部分は、ケーディス大佐が独自の判断で削除しました。どの国にも、自分の国を守る権利はあり、そのための自衛の戦争まで放棄するのは非現実的だという考えからでした。アメリカは、「自衛のための戦争」の放棄までは求めていなかったのです。

▼日本の学者グループが発信した案も盛り込まれた

日本では、政府の憲法問題調査委員会が憲法改正案を作る一方で、さまざまな政党や学者グループが、それぞれ独自に憲法改正案を作って発表するようになっていました。

保守系の進歩党の憲法草案要綱は、「臣民」という言葉がそのまま使ってありました。やはり保守系の自由党の改正案は、天皇が統治権を持つ一方で、天皇に法律上、政治上の責任は負わせないというものでした。どちらの政党とも、明治憲法と大差ないものでした。

一方、社会党は、統治権を議会と天皇に分割するという案でした。天皇の政治的な力を残すものになっていたのです。

これに対して共産党の「新憲法の骨子」では、「主権は人民に在り」という表現で、天皇制を否定していました。

こうした政党の草案以外に、民間の学者グループも憲法改正案を作って発表していました。高野岩三郎や森戸辰男《たつお》などの学者の集まりである「憲法研究会」は、一九四五年一二月二七日に「憲法改正要綱」を発表していました。

ここには、「日本国の統治権は日本国民より発す」となっていて、「国民主権」の原則を打ち出していました。天皇については、政治にタッチせず、国政の最高責任者は内閣と定めています。

国民は平等であり、差別は許されないこと。健康にして文化的な生活をする権利を持っていること。こうした条項は、まさに現在の日本国憲法に盛り込まれています。

アメリカ側の憲法草案作りメンバーは、この憲法研究会の改正要綱を入手すると、直ちに英語に翻訳して研究を始め、その後の草案作りに、大いに参考にしていました。

日本国憲法の草案はアメリカが作ったものですが、その内容の多くは、日本の学者グルー

日本国憲法の成立

1945年8月15日
日本無条件降伏
ポツダム宣言受諾
1946年2月1日　日本独自の
憲法改正案を準備するが・・・
マッカーサー
明治憲法と
変わり映えしない
マッカーサーが3条件を提案
天皇をトップに
封建的制度廃止
戦争放棄
ＧＨＱが9日間で憲法草案を作成
2月13日
米側から日本側へ憲法草案提示
3月5日
日米協議、憲法草案まとまる
4月戦後初の衆議院選挙
6月草案を国会で議論
10月憲法改正案可決成立
1946年11月10日日本国憲法公布
1947年5月30日施行
国民主義
基本的人権
平和主義

プの改革案を参考にしていたのです。

こうして、突貫工事で作られた日本国憲法のアメリカ側草案は、二月一〇日の夜、マッカーサー司令官に提出されました。

これにマッカーサー司令官が手を入れ、一二日に最終案が完成しました。

▼アメリカ案を元に日本側が改正案を作り、徹夜の審議を経て……

GHQと日本側の会談は、当初の予定より一日ずれて、二月一三日に行われました。席上、アメリカ側から草案を渡された日本側代表は、言葉を失いました。

アメリカから草案を示されることなどは想定していなかったからです。しかも、「天皇は象徴」「国民主権」など、考えもつかない内容が列挙されていました。

日本側は慌ててしまい、この日はアメリカが作成した草案を受け取って帰るのがやっとでした。

しかし、敗戦国日本としては拒否できず、アメリカの草案を日本側が手直しし、三月四日に開かれた日米の合同委員会でアメリカに提出しました。日本側は、アメリカに手渡せば、アメリカはそれを持ち帰って検討するだろうと思っていましたが、アメリカ側は、「これをもとに早速検討に入ろう」と言い出し、委員会ではそのまま詰めの審議に入ってしまいます。ゆっくりとした日本のペースは通用しなかったのです。

審議では、アメリカも日本も、双方が言い分を主張しあったことから検討は長引きました。審議はとうとう徹夜になってしまったのです。日本側の言い分はなかなか認められず、代表団に加わっていた松本烝治は怒って途中で帰ってしまうほどでした。

結局、三月五日に、正式な憲法草案の内容がまとまりました。

当初のアメリカ案には、「土地および一切の天然資源は国のものである」という内容の条文がありましたが、「土地はすべて国のもの」というのは、まるで社会主義国のようだという反発が日本側から出て、削除されました。

また、アメリカ案では、国会は一院制つまり衆議院だけにするとなっていましたが、日本側が、二院制つまり衆議院と参議院の二つがあったほうがいいと主張した結果、日本の主張が通りました。

▼憲法の要綱を発表――国民の反応は？

三月六日午後五時、憲法改正草案要綱が正式に発表されました。「要綱」つまり、「おおむねこのような内容です」と記したもので、これをもとに実際の憲法案が書かれることになります。この要綱は、日本政府によって自主的に提案されたものということになっていました。このとき国民は、実際にはアメリカが草案を作ったことを知らされませんでした。

しかし、誰が草案を作ったにせよ、この内容は、当時の多くの日本人から歓迎されました。「民主主義」とはどういうものか、憲法の条文で知ることになったからです。

ただ、**日本国憲法が出来上がる過程では、アメリカが草案を作ったことや、日米の間で条文作成にあたって激しい議論があったことから、やがて経過が次第に明らかになるにつれて、「アメリカからの押しつけ憲法」という言い方が生まれるようになります。**

それでも**実質的には日本の学者たちの改正案がベースになっていることや、日米の間で激しい議論が行われて日本側の意見が通った部分があること、その後の国会審議で、内容に変更が加えられたこと、さらに国民の代表である国会議員によって承認されたことなどを考えると、必ずしも「押しつけ憲法」とは言えないのです。**

ちなみに、日本と同じく敗戦国となったドイツは、東西に分割占領され、西側部分は西ドイツ（ドイツ連邦共和国）として発足します。このとき、憲法制定をめぐって、アメリカを中心とした連合国軍が、やはり憲法草案を提示し、ドイツの各州の代表が、この叩《たた》き台を基に憲法を作成します。ただし、あくまで暫定のものとし、将来、東西ドイツが統一されたときに正式な憲法を制定することにして、「基本法」と呼びました。

ところが、ベルリンの壁が崩壊して、東西ドイツが一緒になると、西ドイツの基本法がそのまま有効となり、現在に至っています。EU（欧州連合）の前身EEC（欧州経済共同体）やEC（欧州共同体）の時代から、ドイツ（西ドイツ）は加盟していて、この組織の基準に合わせるため、たびたび基本法は改正されています。

▼「国民の代表」を選ぶ選挙に女性も投票

新しい憲法草案の要綱が発表になった一か月後の一九四六年四月一〇日、戦後初めての衆議院選挙が行われました。新しい憲法はまだ成立していないのですから、明治憲法のもとで選挙が行われたのです。

ただ、明治憲法では女性の参政権（投票したり選挙で選ばれたりする権利）が認められていませんでしたが、一九四五年一二月の国会（帝国議会）で女性に参政権を与える法律が成立し、この選挙では女性が初めて投票しました。また大勢の女性が立候補し、全国で三九人が当選しました。

選挙から一週間後の四月一七日、要綱をもとに正式な憲法草案が完成しました。三月六日に要綱が発表された後、「憲法は国民が読みやすいように、ひらがなを使った口語体で書いてほしい」という声が上がったことから、『路傍の石』などの作品で知られる作家の山本有三と国際法学者の横田喜三郎が文章の試案を作成し、内閣法制局長官の入江俊郎《としお》と次長の佐藤達夫らが手直しをして完成しました。いまの日本国憲法の文章には、山本有三の手が入っているのです。

たとえば第一条について、要綱と山本有三の口語化案、それに現行の憲法の文章を比較してみましょう（鈴木琢磨編著『日本国憲法の初心』より）。

（要綱）天皇ハ日本国民至高ノ総意ニ基キ日本国及其ノ国民統合ノ象徴タルベキコト

（山本案）天皇は国家と国民統一の象徴であって、この地位は主権を有する国民の意思からうけたものである。

（現行）天皇は、日本国の象徴であり日本国民統合の象徴であつて、この地位は、主権の存する日本国民の総意に基く。

▼国会が明治憲法の改正として決定した

六月二〇日、新しく選ばれた議員による帝国議会が開かれ、「大日本帝国憲法改正案」が衆議院に提出されました。新しい憲法案は、明治憲法の改正案として提出されたのです。改正案は、新しく選ばれた国会議員によって議論されました。

二一世紀最初の独立国となった東ティモールでも、アメリカによる攻撃でフセイン政権が崩壊したイラクでも、まずは「国民の代表」が選ばれてから憲法を正式に採択しました。**戦後の日本でも、これまでの政府が、いわば「とりあえずの政府」として国会議員の選挙を行い、新しい議員たちが、明治憲法を改正して日本国憲法を制定するという方法をとった**のです。

国会の衆議院では、憲法改正案特別委員会（芦田均《あしだひとし》委員長）で審議した結果、条文の修正や追加、削除をした上で、可決しました。このとき芦田委員長が、憲法九条に文章を追加します。これを「芦田修正」といい、その後の憲法九条をめぐる議論になるのですが、その点については第5章でふれましょう。

昭和天皇（奥中央）親臨のもと、憲法改正案を可決した枢密院本会議（1946 年 10 月 26 日、写真提供＝毎日新聞社）

そのほか、提出された憲法改正案に、「主権在民」を明確にする言葉が入れられました。また、「すべて国民は、健康で文化的な最低限度の生活を営む権利を有する」という条文が追加されました。これは、前に述べた学者グループの憲法研究会案にあった文章でした。

衆議院で賛成四二一、反対八と圧倒的多数で可決された憲法案は、今度は貴族院で審議し、一部を修正した上で、衆議院で再度審議し、一〇月七日、可決されました。「民主化が不徹底だ」として、共産党議員六人が反対しただけでした。これをさらに当時の枢密院《すうみついん》で可決して、正式な日本国憲法が誕生したのです。

明治憲法のもとでは、国会は衆議院と貴族院からできていました。衆議院は一般国民（といっても男性だけ）から選挙で選ばれますが、貴族院は、皇族や華族、それに天皇から任命された人たちが議員になっていました。国民の真の代表ではなかったのです。

いまでも衆議院議員だけが「代議士」と呼ばれるのは、このときの名残です。戦前は、国民代表は衆議院議員だけだったからです。

また、憲法改正案は、枢密院でも可決されています。枢密院は天皇が任命し、国家の大事な問題について、天皇に意見を求められた場合にアドバイスする組織でした。国民の代表である国会が可決しているのに、さらに枢密院が可決しなければいけない仕組みになっていたこと自体、民主主義からかけ離れた制度だったことがわかるでしょう。新しい憲法で、枢密院はなくなり、貴族院は参議院に生まれ変わりました。

こうして誕生した日本国憲法は、一九四六年一一月三日に公布されました。一一月三日は明治節（明治天皇の誕生日の祝日）です。政府は、明治天皇の誕生日に合わせたのです。明治節は、現在は「文化の日」になっています。

そして翌四七年五月三日、憲法が施行されました。「施行」とは、「この日から実際に効力を持ちますよ」という意味です。五月三日は「憲法記念日」になっています。

第3章

池上さんと、日本国憲法を読んでみよう（前半）

——私たちの権利・義務編

▼戦争への反省から始まった

「みなさんの中には、こんどの戦争に、おとうさんやにいさんを送りだされた人も多いでしょう。ごぶじにおかえりになったでしょうか。それともとう〳〵おかえりにならなかったでしょうか。また、くうしゅうで、家やうちの人を、なくされた人も多いでしょう。いまやっと戦争はおわりました。二度とこんなおそろしい、かなしい思いをしたくないと思いませんか」

これは、一九四七年に当時の文部省が発行した『あたらしい憲法のはなし』という教科書の一部です。中学校一年生の社会科教科書として五年ほど使われたものです。

この文章から、当時の人々の気持ちが伝わってきます。もう二度と戦争はいやだ、という思いです。

アジア・太平洋戦争では、日本軍兵士の死者一七四万人。アメリカ軍の空襲で亡くなった一般市民が一〇〇万人。数百万人が負傷あるいは病気に倒れました。空襲で家を失った人は九〇〇万人。想像を絶する被害が出たのです。

日本人以外にも、中国大陸やアジア各地で、戦争の犠牲になった人々の数は二〇〇〇万人

文部省発行『あたらしい憲法のはなし』に掲載された「戦争放棄」を表す挿絵

を超えたと言われています。

二度と戦争を経験したくない。戦後の日本は、この決意からスタートしました。新しい憲法にも、その決意が述べられています。この章と次の第4章では、日本国憲法の詳しい内容を見ていきましょう。でも、その前に、日本国憲法の意義を知る上でも、明治憲法（大日本帝国憲法）について簡単におさらいしておきましょう。

▼明治憲法とはどんなものだったのか

明治憲法の正式な名前は**「大日本帝国憲法」**。なんだか、ずいぶんといばった名前ですね。一八八九年に成立し、翌九〇年に施行されました。日本は、江戸の徳川幕府が明治の新政府に代わってから、国を強く大きくしようと考えていました。その気持ちが憲法の名前にもなったのですね。

明治維新によって明治政府ができた後、自由民権運動が起こり、国民の声を反映させる議会（国会）を作るべきだという声が盛り上がります。さらに、国会を作るなら、どのような国会にするかを定めた憲法が必要だということになります。民主主義を求める人々の声に押されて、明治政府は憲法を作ることにしたのです。憲法があって初めて近代国家として諸外国から認められる、という認識もありました。

政府は憲法を作るに当たって、外国の憲法を参考にするため、伊《い》藤《とう》博文《ひろぶみ》をヨーロッパに派遣しました。伊藤は、特にドイツの憲法を勉強して帰国し、一八八五年、初代の総理大臣に就任します。伊藤が中心になって憲法の草案作りが始められました。第1章で伊藤の説明を紹介したのも、草案作りの中心になっていたからです。草案作りには、ドイツ人の顧問も参加して助言しています。

憲法の草案は、枢密院《すうみついん》で審議されて、成立しました。

明治憲法は、「**欽定《きんてい》憲法**」と呼ばれます。**国民自らが作ったものではなく、国王などが作った憲法**のことです。明治憲法は、明治天皇の命令で草案が作られ、天皇も出席した枢密院の審議で決められたものだからです。そこには、国民の意見は反映されませんでした。

「憲法が発布《はっぷ》される」という発表があり、祝いの行事が行われることになっても、多くの国民が、何のことかわからないでいたと、当時日本に滞在していた外国人は日記に記しています。「憲法発布」と聞いて、「政府が絹布《けんぷ》のはっぴを下さるそうだ」と喜んだ人たちがいるという記録もあります。


明治憲法は、天皇と政府にとても強い力が与えられ、国民は「臣民《しんみん》」として、天皇に保護される部下の扱いでした。


「第一条　大日本帝国ハ万世一系ノ天皇之《これ》ヲ統治ス」（大日本帝国は、永遠に変わることなく続いてきた天皇が統治する）とあるように、天皇が国の主人公で主権を持っていました。「国民主権」の考え方はなかったのです。

しかし、法律の範囲内で、国民には信教の自由や言論・出版・集会の自由も認められ、国民の代表である議会が予算案や法律案を審議する仕組みもできました。裁判も役所から独立し、三権分立の仕組みがありました。

当時としては、アジアで初めての近代的な憲法だったのです。まずは憲法があり、その下に法律が存在し、誰もが法律を守らなければならない、という近代国家の形が整いました。

憲法によって政治が行われる国のことを「立憲国家」といいます。**日本はアジアで初めて立憲国家になったのです。**

それでも、議会は衆議院と並んで貴族院があり、衆議院が可決した法律案をたびたび否決するなど、決して十分な民主主義が保障されるものではありませんでした。

特に憲法の「天皇ハ陸海軍ヲ統帥ス」（天皇が陸海軍の指揮命令を行う）という条文を軍隊が悪用し、「軍隊を批判することは天皇を批判すること」という理屈で、国民も議会も軍隊を批判することができないようにしました。それが、やがては日本を泥沼の戦争に追い込んでいくことになるのです。

▼日本国憲法には何が書いてあるのか、全体構造を見てみよう

国民に主権がなく、戦争への道を進んでしまった。こんな反省から、新しく生まれた日本国憲法は、国民主権と平和主義が打ち出されました。

憲法の全文は、この本の最後に掲載してありますから、後でゆっくり読んでいただくとして、まずは、憲法の全体構造を見てみましょう。

憲法は、前文と本文に分かれています。**前文**で、**この憲法の意義と目的をはっきりさせた**

上で、**十一章の本文**が続きます。本文の内容は、次の通りです。

第一章　天皇
第二章　戦争の放棄
第三章　国民の権利及び義務
第四章　国会
第五章　内閣
第六章　司法
第七章　財政
第八章　地方自治
第九章　改正
第十章　最高法規
第十一章　補則

まずは**第一章**で、**天皇が「象徴」**であり、**国民が主権を持っていると宣言しています。**日本という**「国のかたち」**を、最初に明らかにしているのです。

その上で、**第二章**は**「戦争の放棄」**。何よりも戦争をしない、平和主義でいく、ということを宣言しているのです。

続いて、**「国民の権利及び義務」**という形で基本的人権の尊重を述べ、その後、**「国会」**や**「内閣」**、**「司法」**（裁判所）という、国の組織（これを**統治機構**といいます）を明らかにしています。この統治機構について以降の後半部は、章を改めて見ていくことにしましょう。

国家財政（**国のお金の使い道**）**の決め方**や**「地方自治」**の**仕組み**についても定めた後、**この憲法の「改正」の方法**についても明記してあります。

そして最後に、憲法は「最高法規」つまりいろいろな法律より上のものなので、憲法の考え方に違反する法律は認められないと書いてあります。

▼日本国憲法の選手宣誓、前文を読んでみよう

さて、では、憲法前文を読んでみましょう。憲法の前文は、大変有名な文章です。あなたも、学校で読んだことがあるのではないでしょうか。ここで、前文を一文ずつ読んでいきましょう。前文は、憲法の理念としてとても大切なことが書かれている、いわば選手宣誓の部

前文は憲法の趣旨に
ついての宣言。
平和主義や国民主権の
考え方について
書かれています
前文
第一章　天皇
第二章　戦争の放棄
第三章　国民の権利及び義務
第四章　国会
第五章　内閣
第六章　司法
第七章　財政
第八章　地方自治
第九章　改正
第十章　最高法規
第十一章　補則

分です。

原文は、旧かなづかいが使われていたり、送りがなが現在の表記と異なったりしているので、読みやすくするため、現代の表記に改めてあります。

【日本国憲法】（以下、この章で掲げる条文はすべて同じ）

日本国民は、正当に選挙された国会における代表者を通じて行動し、われらとわれらの子孫のために、諸国民との協和による成果と、わが国全土にわたって自由のもたらす恵沢《けいたく》を確保し、政府の行為によって再び戦争の惨禍が起ることのないようにすることを決意し、ここに主権が国民に存することを宣言し、この憲法を確定する。（前文）

ちょっと長い文章ですね。個人的には、もっと短い文章に分ければ、わかりやすく読みやすくなると思うのですが。

それはともかく、最初に、「正当に選挙された国会における代表者を通じて行動し」と書いてあります。これは**「間接民主主義」**の原則を述べているのです。「直接民主主義」は、私たち全員が集まって法律を作ったり予算を決めたりすることです。スイスの一部の地方では、いまも直接民主主義を貫いていますが、実際問題として一億二六〇〇万人もの国民がいる国では、そんなことはできません。そこで、代表を選ぶという間接的な方法をとりますよ、という意味です。**私たちは、インチキのない、正しい方法の選挙で国民の代表である国会議員を選び、国会議員がいろんなことを決めますよ、**という意味です。

「諸国民との協和による成果」と、「自由のもたらす恵沢」を「確保」する。外国と仲良くすればいいことがたくさんあるし、自由があればいろんなことができるよ、それを大切にしよう、と言っているのです。

「再び戦争の惨禍が起ることのないようにすることを決意」。戦争が起こらないように努力するんだよ、と宣言しています。「起ることのないように決意」ではなく、「起ることのないように」「することを決意」しているのです。ここが大事ですね。「戦争が起こらないといいよね」ではなく、**私たちが戦争を起こさないように、起きないように努力することを宣言しているの**です。

そして、「主権が国民に存することを宣言」しています。主権在民とも言いますが、要するに、**「国民が主人公だ」**と言っているのですね。

> そもそも国政は、国民の厳粛な信託によるものであって、その権威は国民に由来し、その権力は国民の代表者がこれを行使し、その福利は国民がこれを享受する。（前文）

「信託」とは、信用して任せることです。この文章は、ジョン・ロックの「社会契約説」にもとづいています。私たちが、社会契約を結んで、自分たちの権利を政府に委ねている、という原則を確認しているのです。

日本の政府が権威を持っているとすれば、それは日本国民が権力を委ねているからである、ということです。国民の代表者である総理大臣が責任者となり、国民のために力を使うのだ、と言っているのです。

> これは人類普遍の原理であり、この憲法は、かかる原理に基くものである。（前文）

この原則は、日本独特のものではなく、「人類普遍の原理」つまり、過去・現在・未来、すべての国に通用することだと説明しています。

――われらは、これに反する一切の憲法、法令及び詔勅《しょうちょく》を排除する。（前文）

国民の信託によって政治が行われるという原則に反する憲法は認められないと言っているのですから、**もし憲法を改正することがあっても、この原則は守られなければならない、**と宣言しています。

また、この原則に反する法律も制定することはできません。

詔勅とは、天皇の言葉です。天皇の詔勅が法律として通用した時代もありましたが、そんなことは認められないというわけです。

▼「私たちは平和を求める」高い理念をうたっている

――日本国民は、恒久《こうきゅう》の平和を念願し、人間相互の関係を支配する崇高な理想を深く自覚するのであって、平和を愛する諸国民の公正と信義に信頼して、われらの安全と生存を保持しようと決意した。（前文）

私たちは平和を求める。憲法の平和主義の柱になる部分が、ここから始まります。**前文の**

平和主義は、この後の第九条で具体化されています。

「人間相互の関係を支配する崇高な理想」という意味は、残念ながら、あまりはっきりしないのですが、「互いに平和でありたい・平和を守りたい」という理想というような意味なのでしょう。

「平和を愛する諸国民の公正と信義に信頼して」という部分に関しては、世界は「平和を愛する諸国民」ばかりではないぞ、という批判を受けるようになっていますが、ここでは理想を述べたものです。

われらは、平和を維持し、専制と隷従《れいじゅう》、圧迫と偏狭《へんきょう》を地上から永遠に除去しようと努めている国際社会において、名誉ある地位を占めたいと思う。（前文）

国際社会は、平和を維持しようとしているし、独裁政治や奴隷のような生活、いじめられたり偏見によって差別されたりすることのないように努力している。私たちも、そのために努力して、「名誉ある地位を占めたい」と宣言しています。

残念ながら、「専制と隷従」「圧迫と偏狭」は、いまだに世界に残っています。独裁政権が国民を奴隷のように扱っている国がありますし、差別されている人たちも大勢います。それを取り除くために日本も国として努力すると言っているのです。

「国際社会において、名誉ある地位を占めたい」という文章は、日本政府が、自衛隊を海外に派遣して「国際貢献活動」をしようとするとき、よく引用する部分です。自衛隊の海外派遣が、「名誉ある地位を占めたい」という憲法の趣旨と合うかどうかについては、そのたびに議論になるところです。

> われらは、全世界の国民が、ひとしく恐怖と欠乏から免かれ、平和のうちに生存する権利を有することを確認する。（前文）

「全世界の国民」です。「日本の国民」ではないのです。世界中の人々が、恐怖や貧しさから解放され、平和に暮らす権利があることを確認しています。日本の憲法ですから、「日本の国民」について言えばいいようなものですが、「全世界の国民」について述べています。**この憲法の高い理想が強く打ち出されている部分です。**

また、「平和のうちに生存する権利」という言い方で、平和に暮らすことも人権として認めたのです。

われらは、いずれの国家も、自国のことのみに専念して他国を無視してはならないのであって、政治道徳の法則は、普遍的なものであり、この法則に従うことは、自国の主権を維持し、他国と対等関係に立とうとする各国の責務であると信ずる。（前文）

世界のどの国も、自分のことばかり考えていてはいけない。ほかの国を助けることは当然のことであり、それによって、よその国と対等な立場に立てるのだと言っています。

小泉純一郎総理大臣（当時）は、二〇〇三年一二月に自衛隊をイラクに派遣する基本計画を決めた際、「自国のことのみに専念して他国を無視してはならない」という部分を引用して、自衛隊派遣の根拠としました。「自衛隊の海外派遣は憲法の平和主義に反する」という批判に対して、「憲法の目的にかなっている」と反論したのです。果たして自衛隊をイラクへ派遣することが、憲法前文のこの部分を大事にしていることになるのかどうか。議論が分かれるところでしょう。

日本国民は、国家の名誉にかけ、全力をあげてこの崇高な理想と目的を達成することを誓う。（前文）

最後は、大変なことを世界に誓っています。「国家の名誉にかけ」て、「崇高な理想と目的」を達成することを誓っています。平和主義の高い理想を掲げ、それを守るために全力を尽くすと言っているのです。

私たちは、「自分の国さえ平和ならいいや」と言っていてはいけない、世界の人々が貧しさから解放されて平和に暮らすことができるように努力する、と宣言しているのです。この最後の宣言を、心にとめておきましょう。

▼天皇はどんな存在？

では、本文の内容を見ていきましょう。

本文の第一章は、「天皇」から始まっています。明治憲法の構成を引き継いだことと、「日本という国のかたち」をはっきりさせるために、この順番になっています。

——第一条　天皇は、日本国の象徴であり日本国民統合の象徴であって、この地位は、主権の存する日本国民の総意に基く。

明治憲法では、天皇が主権者でした。**いまの憲法では、主権者はあくまで国民であり、その国民の意思にもとづいて、天皇は日本という国の象徴＝シンボルになっている、**というわけです。

でも、象徴とはどんなものか、ピンと来ない人もいることでしょう。先ほども紹介した『あたらしい憲法のはなし』では、象徴について、こう説明しています。

「憲法は、天皇陛下を『象徴』としてゆくことにきめました。みなさんは、この象徴ということを、はっきり知らなければなりません。日の丸の国旗を見れば、日本の国をおもいだすでしょう。国旗が国の代わりになって、国をあらわすからです。みなさんの学校の記章を見れば、どこの学校の生徒かがわかるでしょう。記章が学校の代わりになって、学校をあらわすからです。いまこゝに何か眼に見えるものがあって、ほかの眼に見えないものの代わりになって、それをあらわすときに、これを『象徴』ということばでいいあらわすのです。こんどの憲法の第一条は、天皇陛下を『日本国の象徴』としているのです。つまり天皇陛下は、日本の国をあらわされるお方ということであります」

これをたとえて言うなら、「春といえば桜」「平和といえば鳩」のようなものなのですね。昭和天皇が亡くなり、いまの天皇が皇太子から天皇になったとき、「日本国憲法を守り……」という挨拶をされました。天皇という地位も、日本国憲法で決められていることを、ご本人が改めて国民に伝えられたのです。

天皇には、実際の政治をする力は与えられていません。天皇は国会を召集したり、衆議院を解散したり、大臣を任命したりしますが、これは、その力を持っているからではなく、「内閣の助言と承認」によって行われます。実際には内閣がする仕事だけれど、形式的に天皇が行うことになっている、という仕組みです。

たとえば憲法第七条に、天皇の行為として「衆議院を解散すること」と書いてあります。これは、実際には内閣が衆議院の解散を決めるのですが、内閣として、天皇に対して詔書《しょうしょ》（天皇の文書）を出すように「助言」し、詔書が衆議院議長に届けられて、衆議院は解散されることになっています。

天皇は、みずからの意思で実際の政治をすることはできないけれど、大事なことを天皇が行うことで、国民がまとまる上で大事な役割を果たしている、というわけです。

天皇の地位をめぐっては、**天皇は果たして「元首」かどうかという議論があります。**憲法に明文の規定がないからです。

「元首」というのは、外国に対して国家を代表する人のことです。たとえばアメリカの国家元首は大統領であり、イギリスの国家元首はエリザベス女王です。

日本の場合、天皇は「国民統合の象徴」だから日本を代表する人であり、当然のことながら元首である、という考え方があります。あとの章で紹介する自民党改憲草案では、元首であることを憲法の条文に明記していて、こちらの立場です。

その一方で、政治のトップこそが国家の代表だから総理大臣が元首である、という考え方もあります。

ですが、その総理大臣を任命するのは天皇です。任命するのは、総理大臣より上の立場の者。つまり天皇が国家元首であることを示している、という考え方も可能です。

元首に対する考え方の違いがあることから、天皇が日本の国家元首であるかどうかについては、専門家の間で意見が分かれ、確定していないのです。

ただ、天皇が海外に行くと、元首としての扱いを受けます。

▼戦争を放棄した

第二章は「戦争の放棄」です。第二章にあるのは「第九条」だけです。通称「憲法九条」と言われますが、戦争放棄の有名な文章です。

第九条　日本国民は、正義と秩序を基調とする国際平和を誠実に希求し、国権の発動たる戦争と、武力による威嚇又は武力の行使は、国際紛争を解決する手段としては、永久にこれを放棄する。
②　前項の目的を達するため、陸海空軍その他の戦力は、これを保持しない。国の交戦権は、これを認めない。

この**第九条に関しては、これまでさまざまな論議を呼んできましたので、本書第5章で改めて詳しく取り上げます。**

この第九条は、一九二八（昭和三）年に結ばれた「不戦条約」の精神を受け継いでいるといわれています。

「不戦条約」(条約が調印された場所からパリ条約とも、条約を実現させた二人の名前を並べてケロッグ・ブリアン条約ともいう)は、第一次世界大戦の後、二度と戦争を起こさないようにしようという各国の願いから結ばれた条約で、当時の日本も署名しています。

この「不戦条約」の中に、「国際紛争を解決する手段としての戦争を放棄する」と明記してあります。実際には、その後、第二次世界大戦が始まってしまったわけですから、条約の効果はなかったわけですが、その精神は受け継がれているのです。

ちなみに、憲法で「戦争放棄」を定めている国はいくつもありますが、戦力の放棄まで明記しているのは、中米の小国コスタリカと日本くらいのものと言われています。ただし、コスタリカの憲法は、「恒久制度としての軍隊は廃止する」しありますが、「国防のためにのみ、軍隊を組織することができる」となっていて、完全な非武装ではないのです。

▼国民には基本的人権がある

第三章は、「国民の権利及び義務」です。

第一一条　国民は、すべての基本的人権の享有を妨げられない。この憲法が国民に保障する基本的人権は、侵すことのできない永久の権利として、現在及び将来の国民に与えられる。

「基本的人権の享有を妨げられない」とは、**人は基本的人権を生まれつき持っていて、人権を侵されることはないよ、**と言っているのです。

この章では、「基本的人権」が保障されています。**基本的人権とは、人が人として尊重され、大事にされる権利です。**

もし、あなたが差別されたり、いじめられたりしたら、それは「人として尊重」されていないのですから、基本的人権が守られていないということになります。

人として尊重されるということは、その人がいろいろなことをしようとするとき、それが法律に違反しない限り、自由にできることを保障しているのです。

▼私たちの「幸せな人生」には憲法が密接に関係している

第三章では、続く条文において守られるべき国民の人権を具体的に掲げています。そこで、私たちが生まれてから歳をとるまでの人生に、憲法がどのように関係しているかを見てみましょう。

▼《誕生》生まれたとたんに保障される権利

おぎゃあと生まれてから、私たちの権利は守られます。それを規定しているのが、第一三条と第一四条です。

第一三条　すべて国民は、個人として尊重される。生命、自由及び幸福追求に対する国民の権利については、公共の福祉に反しない限り、立法その他の国政の上で、最大の尊重を必要とする。

この条文は、**「幸福追求権」**と呼ばれています。**生きる権利、自由を求める権利と共に、誰にだって自分の幸せを求める権利はある。それを守りましょう**、ということです。

「幸福追求」という、いささか抽象的な表現になっているので、この条文は応用が効くのです。

私たちの幸せな人生に
憲法第三章が
関わっています
誕生
13条　14条
他
入学
23条　26条
他
社会人
20条　21条　22条
25条　27条　他
結婚
24条　他
老後
25条　他

たとえば、**プライバシー権**です。自分のプライバシーが侵されて、知られたくないことを他人に知られるのはいやですよね。自分のプライバシーが他人に侵されることは不幸なこと。プライバシーが侵されないように求めることは、「幸福追求」になるというわけで、憲法にプライバシー権については書いてありませんが、憲法第一三条の条文の解釈で、プライバシー権は認められるようになってきているのです。

静かな環境で暮らす権利である平穏権も、同じように第一三条で保障されることになる、というわけです。

第一四条　すべて国民は、法の下に平等であって、人種、信条、性別、社会的身分又は門地《もんち》により、政治的、経済的又は社会的関係において、差別されない。

人は平等。当たり前に思いますが、戦前の日本では、女性の地位が低く、選挙権もありませんでした。それが、「女性だから」という理由で差別されることはなくなったのです。

現在は天皇になれるのは男性だけですが、女性が天皇になれないのは、憲法第一四条に反するのではないか、という主張もあります。

ここで出てくる「門地」とは、「家柄」のことです。出身によって差別されることはない、ということです。現在でも被差別部落出身であることを理由に差別されることがありますが、決してあってはならないことなのです。

▼《入学》学校生活をサポートする憲法

さて、生まれて大きくなって、いよいよ小学校に入学です。ここでは憲法第二三条と第二六条が、私たちの学校生活をサポートしてくれます。

第二三条　学問の自由は、これを保障する。

第二六条　すべて国民は、法律の定めるところにより、その能力に応じて、ひとしく教育を受ける権利を有する。
②　すべて国民は、法律の定めるところにより、その保護する子女に普通教育を受けさせる義務を負う。義務教育は、これを無償とする。

戦前は、**学問の自由**が守られないこともありました。研究していた内容によって、特高（特別警察）という、思想を取り締まる秘密警察に逮捕されることもあったのです。そういうことがないように、憲法に明記して、権力の暴走を止めています。

「義務教育」という言葉がありますが、これは子どもたちが学校に行く義務ではありません。子どもたちは、**教育を受ける権利**があるのです。親などの保護者には、子どもたちを学校に行かせる義務があります。

教育は、「その能力に応じて」受けることができます。ですから、ハンディキャップがあって、一般の生徒が受けているような授業が受けられない子どものためには、「支援学校」や「支援学級」が設けられるのです。

「義務教育は、これを無償とする」とあります。小学校、中学校での教育は無料なのです。ですから、国公立の小中学校の授業料は無料ですし、教科書も無料で配られます。

▼《就職》働く権利と、仕事を選ぶ自由

学校を卒業すれば、就職です。これを保障しているのが、第二七条と第二二条です。

第二七条　すべて国民は、勤労の権利を有し、義務を負う。
② 賃金、就業時間、休息その他の勤労条件に関する基準は、法律でこれを定める。
③ 児童は、これを酷使してはならない。

第二二条　何人も、公共の福祉に反しない限り、居住、移転及び職業選択の自由を有する。

国民には働く権利があります。国家は、これを保障するために、国民が仕事を探しやすいようにしなければなりません。これが**ハローワーク（公共職業安定所）**です。また、特定の職業を禁止するようなこともしてはなりません。ただし、**職業選択の自由は、「公共の福祉に反しない限り」という限定つき**です。つまり、銃の密売や麻薬取引など犯罪になるような職業は認められないのです。

▼《結婚》今は当たり前の自由な結婚も……

いよいよ結婚です。これは第二四条です。

第二四条　婚姻は、両性の合意のみに基いて成立し、夫婦が同等の権利を有することを基本として、相互の協力により、維持されなければならない。

② 配偶者の選択、財産権、相続、住居の選定、離婚並びに婚姻及び家族に関するその他の事項に関しては、法律は、個人の尊厳と両性の本質的平等に立脚して、制定されなければならない。

考えてみると、結婚とは、極めて個人的な出来事です。憲法で規定するのはおかしな気もするのですが、わざわざ憲法で「婚姻は、両性の合意のみに基いて成立」と書かなければならなかったほど、戦前は自由な結婚ができなかったのです。生まれたときから親同士が勝手に結婚相手を決めていた、ということがあったからです。

▼《老後》年金制度の根拠も憲法にある

人生も後半戦。歳をとって老後を迎えますと、生活を保障してくれるのは第二五条です。

一　第二五条　すべて国民は、健康で文化的な最低限度の生活を営む権利を有する。

これは、「最低限度の生活をしろ」と言っているわけではありません。**「せめてこれくらいの生活は送りたいよね」と一般の人が考えるくらいの生活を国は保障してくださいね**、と言っているのです。

公営住宅法で、所得の少ない人でも住むことができる公営住宅を建設したり、**公害対策基本法**で公害対策を義務付けたりしているのも、この条文が元になっています。

年金制度は、この条文が根拠です。年をとって働けなくなり、収入が途絶えたら、とても不安ですよね。高齢になっても「健康で文化的な生活」を送りたいものです。そこで、老後の生活費になる年金の制度があるのです。年金制度が将来もし破綻《はたん》したら、それは政府が憲法第二五条を守っていないということになります。

この条文が根拠になって、収入もなく、助けてくれる家族がいなくて生活に困っている人は、**生活保護**を受けることができます。

しかし、かつて生活保護を受けている人がクーラーを取りつけたところ、役所が、「クーラーをつけることができるだけの余裕があれば、生活保護は受けられません」と言って、クーラーを撤去させ、大問題になりました。

終戦直後の日本人にとってクーラーは大変なぜいたく品でしたが、いまは真夏にクーラーのない生活は考えられなくなってきています。そうなると、クーラーがあることが「最低限度の生活」ということになります。

時代によって、「健康で文化的な最低限度の生活」の水準は変化するのです。

ただ、このところ、**生活保護で受け取る金額より、非正規雇用（正社員ではない）の労働者の給料の方が少ない、という問題**も起きています。こういう問題を、政府は解決する義務があるのです。私たちは、政府に対して、「憲法第二五条を守れ」と主張できるのです。

▼「信教の自由」と靖国問題

このほか第三章では、さまざまな「自由」が保障されています。

「思想及び良心の自由」「信教の自由」「表現の自由」などです。

どのような考えを持つことも自由であり、どの宗教を信じようと、その人の自由です。

一　第二〇条　信教の自由は、何人に対してもこれを保障する。いかなる宗教団体も、国から特権を受け、又は政治上の権力を行使してはならない。
② 何人も、宗教上の行為、祝典、儀式又は行事に参加することを強制されない。
③ 国及びその機関は、宗教教育その他いかなる宗教的活動もしてはならない。

第二〇条では「信教の自由」が認められていますが、同時に**「政教分離」**も定められています。**国が特定の宗教団体に特権を与えてはいけないし、特定の宗教団体が政治上の権力を行使してはいけない**ということです。**国は宗教的活動をしてはいけない**、とも記してあります。このため、総理大臣が靖国《やすくに》神社に参拝することは、憲法違反になるのではないか、という議論もあります。二〇〇五年九月三〇日、大阪高等裁判所は、小泉純一郎総理大臣（当時）の靖国神社参拝は職務行為であり、憲法違反になると指摘しています。これに対して小泉総理は、「参拝は私的なもの」つまり職務ではないと説明しています。

また、第二〇条とは別に第八九条で、公金を宗教上の組織に支出してはならないと定めていますので、たとえばどこかの市長が、神社に参拝し、玉串料《たまぐしりょう》を市の予算から支出したら、それは憲法違反ということになります。

▼「表現の自由」のさまざまな形

第二一条　集会、結社及び言論、出版その他一切の表現の自由は、これを保障する。
② 検閲は、これをしてはならない。通信の秘密は、これを侵してはならない。

この場合の「集会」というのは、別に学校の朝礼などを言うわけではありません。政府の方針に反対する集会を開くことも認められている、という意味です。「結社」とは、共通の目的を持った人たちによるグループのことで、この場合、政党を作ることを指します。**たとえ政府に反対する団体であっても、作ったり反対の言論をしたりすることを妨害してはいけない**、ということなのです。

二〇一一年三月の東日本大震災で東京電力福島第一原子力発電所が事故を起こした後、全国の原子力発電所の運転が止まりました。この事故をきっかけに、原発廃止や原発再稼働反対の大規模な集会が開かれましたが、これらはいずれも憲法第二一条によって守られた権利を行使したのです。

また、**「表現の自由」が認められていますが、だからといって、他人の名誉を傷つけるよ**

うなことを報道したり、個人のプライバシーを暴いたりするような報道まで認められるというわけではありません。表現の自由は最大限認めることが、民主主義国家にとって大切なことなのですが、どこまで認めるか、そのバランスは、なかなかむずかしいのです。

「検閲」は、新聞や本などの出版物が発表される前に国などが内容をチェックし、都合の悪いところを変えさせたりすることです。戦前の日本ではよく行われていましたが、これは「表現の自由」の原則からして、認められないのです。

　この条文をめぐっては、かつて「教科書検定」が検閲に当たるかどうかが裁判で争われました。学校で使われる教科書は、文部科学省の「検定」を通って初めて使われます。教科書検定では、教科書の内容について、文部科学省が注文を出したり削除を求めたりすることがあります。これが「検閲」に当たるのではないか、と裁判になったことがありますが、検定は内容が児童・生徒に教えるのにふさわしいかどうかをチェックするものであり、検閲には当たらないという裁判所の判断が下っています。

▼働く形はさまざまでも「団結権」はある

一　第二八条　勤労者の団結する権利及び団体交渉その他の団体行動をする権利は、これを保障する。

「勤労者の団結する権利」とは、労働組合を作る権利です。「団体交渉」とは、労働組合が、その会社の経営者と、労働条件や給料引き上げなどに関して交渉できる権利です。「その他の団体行動」とは、労働組合がストライキをしたりすることです。

会社の中で、社員ひとりひとりは弱い立場です。たとえ「給料が安い。もっと上げてほしいなあ」と思っても、ひとりで社長のところに行って、「給料を上げろ」とは、なかなか言えませんね。そんなことをすると、社長から、「不満だったら会社をやめてくれていいんだよ」と言われてしまいそうです。

このように、**ひとりひとりでは弱い立場にいる勤労者（労働者）が、みんなでまとまって、経営者と対等な立場で要求が出せるように権利を認めようというのが、この条文です。**

最近は「ストライキ」の意味を知らない若い人たちが増えていますので、念のために解説しますと、労働者が団結して一斉に仕事をしないことで経営者に打撃を与え、自分たちの要求を認めさせようという行動のことです。仕事をしないのですから、その分の給料は受け取れないのですが、それだけの犠牲を払っても自分たちの要求を認めさせようとすることなのです。

企業経営者にすれば、社員たちが労働組合を結成して、労働条件の改善を要求したり、給料の引き上げを求めたりすると、企業の収益にも影響してくるので、なるべく正社員を採用せず、パートなどの非正規雇用の労働者を採用しようという傾向がありますが、正社員でなくても、第二八条が保障する権利を持っているのです。

▼国民の義務は、憲法を「守らせる」ためにある

さまざまな権利を認めている憲法ですが、その一方で、国民の義務も定めています。国民の義務は、「教育の義務」「勤労の義務」「納税の義務」の三つです。

「教育の義務」は、先ほど第二六条のところで説明したように、**保護者が子どもに教育を受けさせる義務**のことです。

第二七条　すべて国民は、勤労の権利を有し、義務を負う。

② 賃金、就業時間、休息その他の勤労条件に関する基準は、法律でこれを定める。

③ 児童は、これを酷使してはならない。

「勤労の義務」の部分は、「すべて国民は、勤労の権利を有し、義務を負う」となっています。**勤労は権利であり、義務でもあるのです。**「勤労の権利」とは、「働きたい」という要求を持っている人に対しては、働ける場所を提供したり紹介したりすることが国に求められるということです。

「勤労の義務」とは、全員が何が何でも働け、という意味ではなく、働こうと思えば働けるのに、働かないで遊んでいるような人まで国は面倒を見られないよ、ということです。

> 第三〇条　国民は、法律の定めるところにより、納税の義務を負う。

国民には納税の義務があるのです。では、誰がどうやっていくら納めるのか。それは、「法律の定めるところにより」決まります。所得税や消費税など、別に法律があって、その法律にもとづいて、国民は税金を払う（納める）義務があるのです。

こうして見ると、**憲法にはたくさんの「権利」が書かれているのに、「義務」は三つだけ**になっています。これは、そもそも憲法が、国民の権利を国家から守るためのものだからなのです。

国民が、自分たちの権利を守るために憲法を作り、国家つまり政府（権力者）に憲法を守らせることで、自分たちの権利を守るという仕組みになっているので、権利が多く、義務は少ないのです。

でも、**国民が自分たちの権利を守るためには、国家を運営する費用を出さなければなりません。それが税金です。**そこで**納税の義務**があるのです。国民に納税の義務があるのは、国民が国家の主権者であるからなのです。

国民が、税金を納められるようになるには、働かなくてはなりません。働けるようになるには、きちんとした教育が必要です。

教育を受けて就職し、働いて税金を納め、国家が運営される。こういう構造になっているので、この三つが国民の義務なのです。

▼公共の福祉に反するものはダメ

憲法が保障する権利の中には、一部制限がついているものがあります。制限つきの権利に関しては、条文の中に**「公共の福祉に反しない限り」**という文章が出てきます。

たとえば第一三条で「幸福追求権」が認められていますが、「他人の金を盗んでも自分が金持ちになることが幸福」という人の権利まで守るわけにはいかない、と言えばわかるのではないでしょうか。

また、第二二条に「職業選択の自由」がありますが、どんな職業を選ぼうが自由だとはいえ、前に書いたように、麻薬の販売という職業まで認めるわけにはいかないのです。

さらに、「医者になりたい」と思っても、勝手に医者を名乗って開業することはできません。それだけの知識や技術がない人物が、人の生死にかかわるような仕事に自由につくわけにはいかないのです。大学医学部を卒業し、医師国家試験を合格した人だけが医者になれる仕組みになっていますが、これは「職業選択の自由に反している」とは言えません。

▼勝手に逮捕されない権利もある

第三一条から第四〇条までは、犯罪容疑に関する権利です。

第三一条　何人も、法律の定める手続によらなければ、その生命若《も》しくは自由を奪われ、又はその他の刑罰を科せられない。

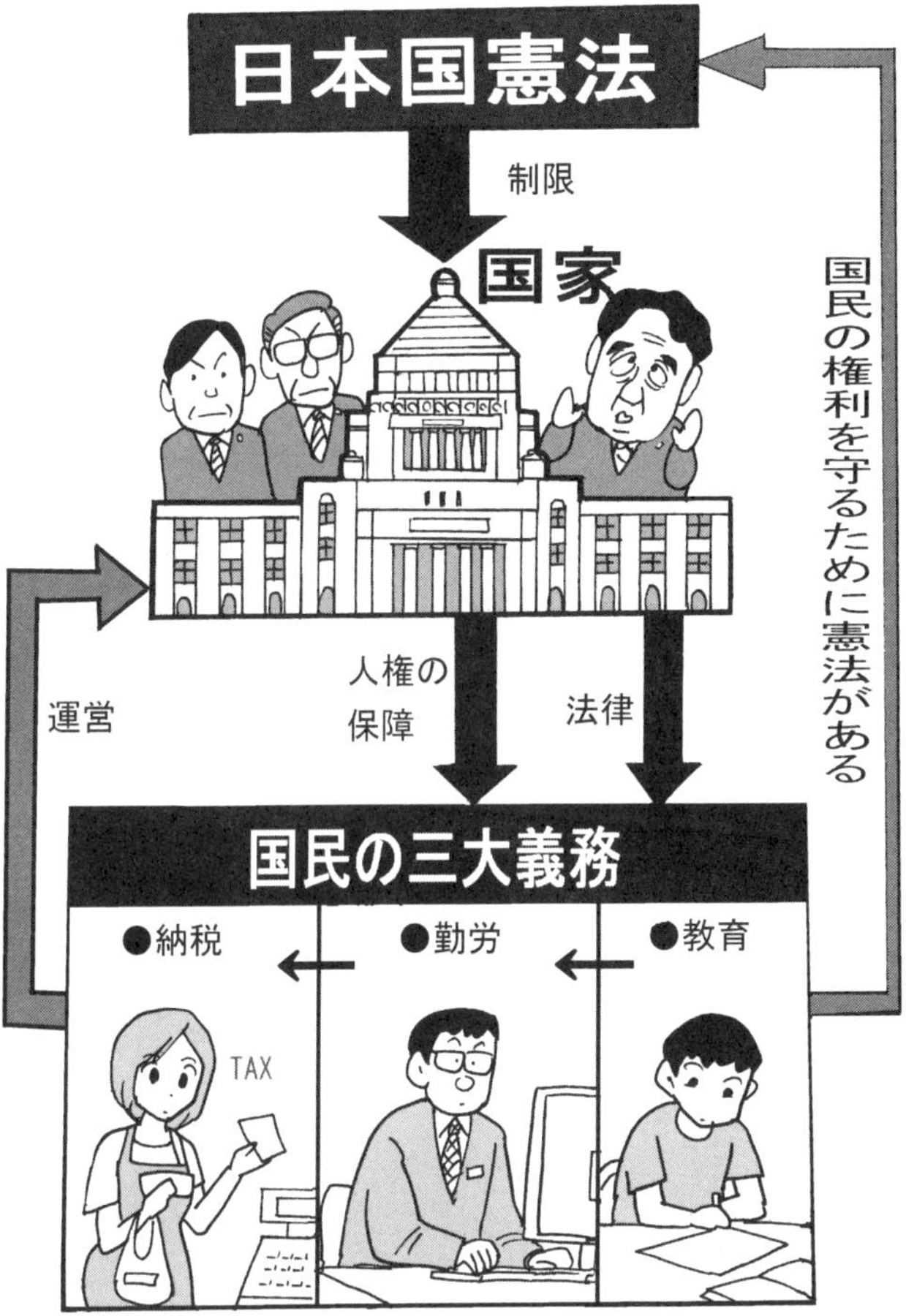

日本国憲法
制限
国家
国民の権利を守るために憲法がある
運営
人権の
保障
法律
国民の三大義務
●納税
●勤労
●教育
TAX

誰であろうと、法律にもとづかずに勝手に逮捕されたり刑罰を科せられたりすることはありません。これを「罪刑法定主義」といいます。

現行犯逮捕以外の場合は、警察官が勝手に逮捕することは許されません。**権限を有する司法官憲（つまり裁判官）が逮捕令状**（逮捕許可書）**を出さない限り、逮捕はできない**のです。もし逮捕令状がなくても逮捕できたら、警察は、「こいつは怪しい」と見た人物を次々に逮捕してしまう、ということになるおそれがあるからです。

逮捕されたり裁判にかけられたりする場合は、弁護士（憲法の表現では弁護人）を頼むことができます。弁護士を頼むお金がなければ、国が弁護士をつけてくれます。

一　第三六条　公務員による拷問及び残虐《ざんぎゃく》な刑罰は、絶対にこれを禁ずる。

拷問などあってはならないのは当然のことですが、それを「公務員」についてのみ、禁止しています。憲法は、国民が権力者の力に制限を加えるものだからです。権力者である公務員に対して規定しているのです。**戦前、警察による拷問がしばしばありました。そういうこ**

とがないように、という条文です。

では、「死刑」は、「残虐な刑罰」にはならないのでしょうか。死刑を廃止すべきだと考えている人たちは、死刑は第三六条に違反すると主張しています。

これについて最高裁判所は一九四八年、「直ちに残虐な刑罰に該当するとは考えられない」という判断を下しています。

以上、基本的人権について考えてきました。この後、憲法の後半部分は次の章で見ていきましょう。

第4章

池上さんと、日本国憲法を読んでみよう（後半）

――「国の組織」編

▼国会は最高機関だ

日本国憲法は、第四章で「国会」を取り上げています。**ここからは、国を統治する仕組みについての定めが続きます。**

【日本国憲法】（以下、この章で掲げる条文すべて同じ）
第四一条　国会は、国権の最高機関であって、国の唯一の立法機関である。

「三権分立」という仕組みは知っていると思います。立法（国会）、行政（内閣）、司法（裁判所）の三つはそれぞれ独立していて、相互にチェックしあう制度のことです。でも、三つの権力はまったく同じレベルではなく、**国会が「最高機関」**だというのです。それは、**国民から選挙で選ばれた代表たちだからです。**

唯一の「立法機関」ということは、**法律を作ることができるのは国会だけ、**ということです。

ところが現状では、中央省庁が法案を作り、内閣が国会に提出して法律になる、というも

憲法の定める「三権分立」の仕組み

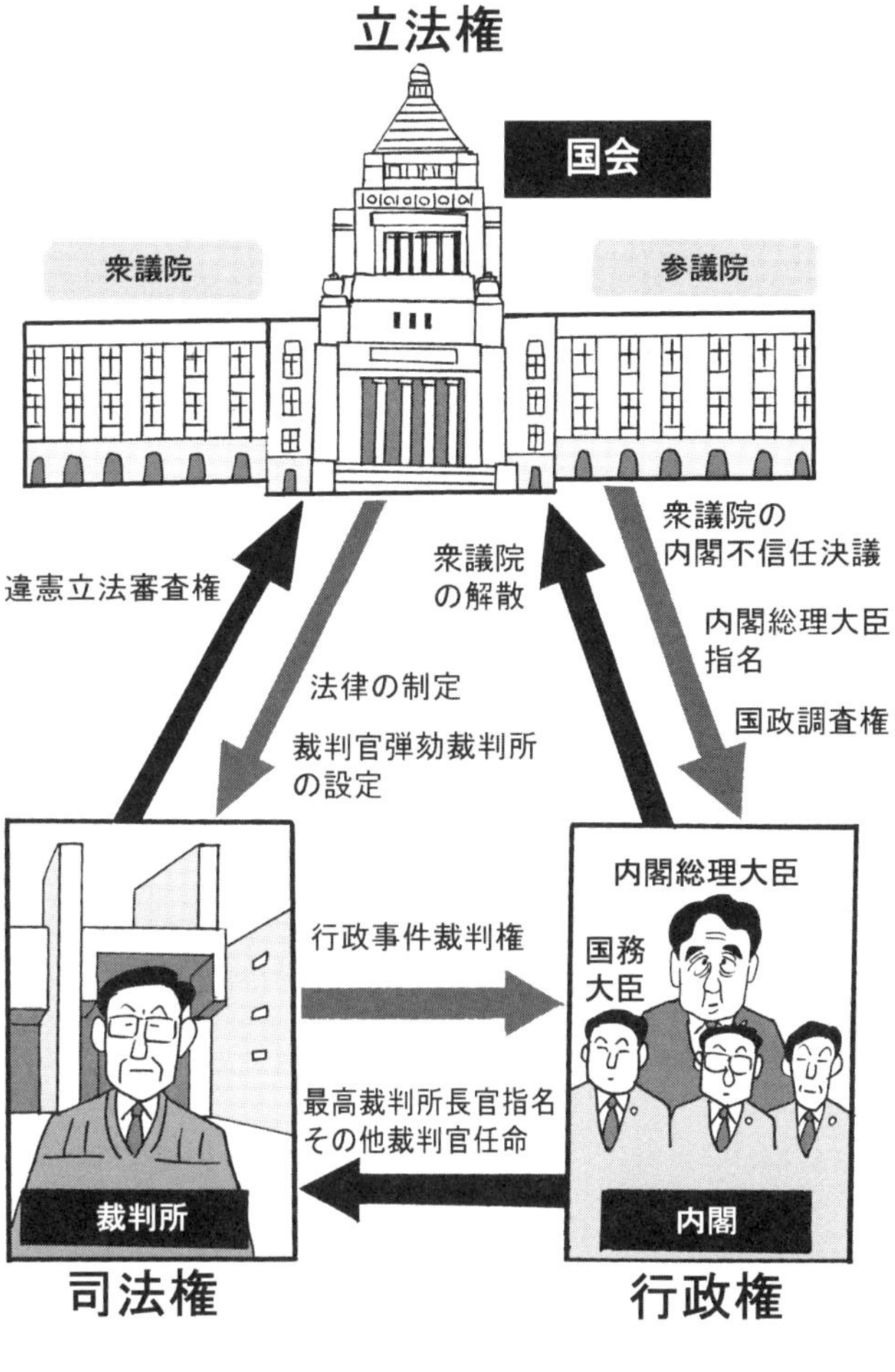

のが圧倒的に多いのです。たとえば二〇一二年には、国会で成立した九二件の法律のうち、内閣が提出したものが六〇件もあるのに対して、国会議員自身が提出したものは三二件に過ぎません。

国会議員になりたての新人議員が、自民党の有力ベテラン議員に対して、「これまでいくつ法律を作りましたか?」と尋ねたところ、ベテラン議員が、「ひとつもないよ」と答え、新人議員が驚く話がありますが、それがごく普通だったのです。

国会は、議員たちが自分たちで法律を作るより、中央省庁の官僚たちが作った法案を成立させるのが仕事だと勘違いしている人もいるようなのです。

英語では国会議員のことを"Law Maker"(法律を作る人)とも言います。法律を作ってこそ、国会議員なのです。

▼衆議院は参議院に優越する

国会は衆議院と参議院から成り立っています。衆議院の任期は四年、参議院は六年です。ただし、衆議院は途中で解散することがあります。戦後、衆議院議員が任期いっぱいを務めたことがあるのは一九七二年から七六年にかけてだけです。後は、任期の途中で解散されています。

参議院は解散がないので、六年間の任期中に、じっくり国政に取り組むことができるようになっています。実際にそうしているかどうかはわかりませんが。

法案は、衆議院と参議院の両方で可決されて初めて正式な法律になります。

では、**衆議院と参議院が、法案をめぐって違う判断をしたら、どうなるのでしょうか。**たとえば、衆議院で可決したのに、参議院で否決されるような場合です。こういうときは、衆議院と参議院の代表がそれぞれ集まって、両院協議会を開くことができます。必ず開かなければならないものではありませんが。

それでも決まらなければ、**もし衆議院が改めて三分の二以上の賛成多数で可決し直したら、法案は成立しますが、そうでなければ、法案は廃案になります。**

しかし、**予算案**と、**内閣総理大臣の指名**と、**外国との条約を認める（批准《ひじゅん》）かどうか**については、**衆議院の判断が優先されます。**これを**「衆議院の優越」**といいます。国会の衆議院と参議院は、ほぼ同じ力を持っているけれど、どちらが強い力を持っているかと聞かれれば、「衆議院です」というのが答えです。どうしてでしょうか。

たとえば予算は、衆議院と参議院で対立していつまでも決まらなかったら、国民のためにお金を使うことができなくなり、大変困ります。外国との条約も、国の代表者が外国と結んだ約束を、国会がいつまでたっても認めないということになると、外国に対して失礼です。そこで、衆議院に強い力を与えることで、混乱を避けようとしているのです。

では、なぜ衆議院が強いのか。それは、衆議院には解散があるからです。**衆議院は解散がある分、参議院よりひんぱんに選挙があります。それだけ直近の国民の世論をよく反映していると考えられるからです。**国民の世論をより反映している分、力も強いというわけです。

ちなみに、「衆議院」というのは、「大衆の代表が議論する場所」という意味です。これに対して「参議院」は、「衆議院での議論に参画する」という意味です。主役は衆議院であることを、名前から示しているのです。

だったら参議院はいらないのではないか、という意見も出てきます。

これについては、「参議院は良識の府」という言い方があります。参議院は任期が六年と長くしてあり、それだけじっくり審議できるからです。また、衆議院議員に立候補できるのは二五歳からですが、参議院は三〇歳以上。それだけ参議院議員のほうが年齢が高いのです。年上の知恵を生かし、衆議院での議論をチェックするという役割があるので、参議院も必要なのだ、という考え方です。その通りになっているかどうかは、また別の問題ですが。参議院の位置づけについては後であらためて考えます。

第四九条　両議院の議員は、法律の定めるところにより、国庫から相当額の歳費を受ける。

国会議員の給料のことを「歳費」といいます。「国庫から」というのは、要するに税金で払うのです。では、どのくらいか？　「相当額」と書いてあります。これを、「相当な額」と読んでしまいそうですが、そうではないのですね。「国会議員にふさわしい額」という意味です。

国会法という法律で、「相当額の歳費」とは、一般職の国家公務員の最高の給料の額（中央省庁の事務次官が受け取っている金額）より少なくない額と決めています。一般職の公務員よりは高い給料をもらうよ、ということです。

大臣や議長以外の一般の国会議員の歳費は、毎月一二九万四〇〇〇円で、これに年二回の期末手当（つまりボーナス）が加わり、年に約二二〇〇万円を受け取っています。

さて、この金額は高いか低いか。相当な額なのでしょうか。

第五〇条　両議院の議員は、法律の定める場合を除いては、国会の会期中逮捕されず、会期前に逮捕された議員は、その議院の要求があれば、会期中これを釈放しなければならない。

国会議員にはさまざまな特権がありますが、その最たるものが、この「**不逮捕特権**」でしょう。国会が開かれている間は、逮捕されないのです。でも国会の外で、現行犯なら逮捕されます。

では、どうして議員は逮捕されないのか。たとえば、こんな事態を考えてみましょう。

警察にとって有利になり、政府としてどうしても成立させたい法案がある。でも、反対の議員がひとり多くて成立しそうもない。反対派の議員がひとりでも欠席すれば、賛否同数となる。賛否同数となると、それまで議決には参加できなかった議長が判断することになるが、議長は賛成派だ。議長の賛成で、法案は成立する……。

こんなときに、警察が、政府の手先となって、反対派の国会議員を逮捕してしまったら……。

いまどきこんなことはないでしょうが、政府や警察に悪い気を起こさせないためにも、こんな規定があるのですね。

しかし、いくら国会議員でも、悪いことをしているのに逮捕されないのでは、国民が怒ります。そこで、「法律の定める場合を除いては」と書いてあるように、警察や検察は、「逮捕する必要がある」と考える場合は、逮捕の理由とその根拠を国会に示し、国会（逮捕する議員が衆議院議員だったら衆議院）の議員たちに判断してもらい、「逮捕許諾」の議決をしてもらう必要があるのです。

▼国会議員から総理大臣が選ばれる

第五章は「内閣」。内閣は、総理大臣と大臣たちの集まりです。総理大臣は、内閣の「首長」であると憲法に記されています。

内閣総理大臣は、国会議員の中から、国会議員の議決（選挙）で指名されます（選ばれます）。
もし衆議院と参議院で指名した人物が異なった場合、両院協議会でも話がつかなければ、衆議院の指名が優先します。衆議院が優先するので、総理大臣に指名される人も衆議院議員というのが〝常識〟になっています。そこまで憲法には書かれていませんが。

国民が選挙で選んだ国会議員の中から総理大臣が選ばれる。この制度を「**議院内閣制**」といいます。

この制度だと、総理大臣は国会の多数派の政党の中から選ばれますから、内閣が提出した予算案や法案は国会で認められやすくなります。

しかし、アメリカの大統領は国民から直接選ばれるのに対して、日本の総理大臣は国会議員が選ぶので、国民自らが選んだという気がしないと考える人がいます。そこで、**総理大臣を国民が直接選挙で選べるようにしたらいい、という「首相公選」制を主張する人もいます。**憲法を改正して、公選制を導入すべきだと主張する政党もあります（みんなの党など）。

ところが、もし国民から直接選ばれた総理が、国会の多数派の政党と異なる党の人だった場合、総理大臣がしようとすることに国会が反対して、立ち往生してしまう恐れがあります。

事実、中東のイスラエルでは、議院内閣制をやめて首相公選にしたところ、首相と議会が対立してしまい、混乱につぐ混乱。結局、首相公選はやめてしまいました。

▼総理大臣の仕事とは？

総理大臣が他の大臣を任命します。総理大臣はいつでも大臣を「罷免《ひめん》」つまりやめさせることができます。二〇〇五年八月、小泉総理（当時）が衆議院解散を決意し、内閣でそのことを決めようとしたところ、大臣のひとりが反対しました。小泉総理は、直ちにその大臣をやめさせ、自分が大臣の代理に立ちました。総理には、それだけの力があるのです。

> 第六九条　内閣は、衆議院で不信任の決議案を可決し、又は信任の決議案を否決したときは、十日以内に衆議院が解散されない限り、総辞職をしなければならない。

総理大臣は国会の衆議院、参議院のどちらから選ばれてもいいのですが、衆参で意見が分かれた場合は、衆議院の意見が通ります。というわけで、実態としては必ず衆議院から選ばれます。ですから、**衆議院の議員たちには、総理大臣に対して、「お前をもう信任しない」と言う力があるのです。**そう言われたら、総理大臣としては、二つの道があります。

ひとつは、「総理と議員とどっちが正しいか、国民の意見を聞いてみよう」と言って衆議院を解散する。

もうひとつは、「わかりました」と言って、自分が総理を辞職する方法です。

第七二条　内閣総理大臣は、内閣を代表して議案を国会に提出し、一般国務及び外交関係について国会に報告し、並びに行政各部を指揮監督する。

総理大臣に、どれだけの力があるかを記した条文です。「行政各部を指揮監督する」と書いてあります。総理大臣は、内閣を構成している各大臣を指揮監督するのです。

この条文が裁判で論点になったことがあります。ロッキード事件です。一九七六年七月、田中角栄元首相が、東京地検特捜部に逮捕され、起訴されました。アメリカの航空機会社ロッキード社から五億円のワイロを受け取り、全日空に対して総理大臣の権限を使い、ロッキード社の航空機二一機を購入させた、などというものでした。権限がある公務員（この場合は総理大臣）が、権限を使ってほしいと頼まれてワイロを受け取ると、受託収賄《じゅたくしゅうわい》罪という犯罪になります。

全日空という航空会社に、「この会社の航空機を買え」と働きかけることが、果たして総理の権限を使ったことになるのか、というのが裁判のひとつの争点になりました。

本来、航空会社に働きかける権限を持っているのは運輸大臣（当時。現在は国土交通大臣）であり、総理大臣は、運輸大臣に指揮ができるだけ。たとえ総理大臣が運輸大臣を飛び越えて全日空に働きかけても、それは総理の権限ではないから、総理大臣の行為は犯罪にはならないと弁護側は主張しました。

東京地裁、東京高裁ともに、憲法第七二条によって総理大臣には「行政各部を指揮監督」する権限があるから、たとえ運輸省を通さずに直接全日空に働きかけたとしても、それは総理の権限を使ったことになると認定し、田中元首相に受託収賄罪で有罪を言い渡しました。

ただ、最高裁判所の判決が下る前に田中元首相は亡くなり、判決は確定しませんでした。

▼裁判所には「違憲審査」の力がある

第六章は、「司法」つまり裁判所についてです。

一　第七六条③　すべて裁判官は、その良心に従い独立してその職権を行い、この憲法及び

一　法律にのみ拘束される。

裁判官は、誰か上司の命令を聞いたりすることはないのです。ひとりひとりが独立していて、憲法と法律にもとづいて判断しなさいと書いてあります。

ごく当たり前のことのように思えるかも知れませんが、海外には、支配政党の命令を聞いて判決を出したり、「闇の世界」からお金をもらって判決に手加減したりする裁判官もいるのです。

第七九条②　最高裁判所の裁判官の任命は、その任命後初めて行われる衆議院議員総選挙の際国民の審査に付し、その後十年を経過した後初めて行われる衆議院議員総選挙の際更に審査に付し、その後も同様とする。

③　前項の場合において、投票者の多数が裁判官の罷免を可とするときは、その裁判官は、罷免される。

最高裁判所の裁判官は、内閣が任命しますが、それを国民がやめさせる仕組みがあるので

す。衆議院議員総選挙の投票のときには、「最高裁判所裁判官国民審査」というのも一緒に行われます。

国民審査の用紙には、審査を受ける裁判官の名前が書いてあります。その中に、「この人はやめさせたい」という人がいれば、空欄にバツをつけるのです。やめさせたくなければ、何も書かないでおきます。

バツが過半数あれば、「罷免」つまりやめさせられます。

この仕組みだと、「よくわからないから何も書かないでおこう」とすると、信任したことになるのです。そこで、「信任する人にはマルを、不信任する人にはバツを」という形にすべきだという意見もあります。

これまで罷免された裁判官はいませんが、「国民から罷免されるかも知れない」という意識をどこかに持っていれば、ヘンなことはできないはずです。歯止めになっていると言えるかも知れません。

――第八一条　最高裁判所は、一切の法律、命令、規則又は処分が憲法に適合するかしないかを決定する権限を有する終審裁判所である。

裁判所は、国会や内閣が行った行為を、憲法や法律に照らしてチェックする大事な役割もあります。**国会が成立させた法律でも、その内容が憲法に違反していれば、それを指摘する役割もあります。**これを**「違憲立法審査権」**といいます。

▼最高裁が下した「憲法違反」の判例

とりわけ、**最高裁判所は、裁判所の頂上に位置し、憲法に照らして最終判断をするところなのです。**

二〇〇五年九月には、当時の「公職選挙法」を憲法違反だとする判決を下しました。当時、海外に住む日本人は、日本国内で行われる衆議院と参議院の選挙に関して、海外の日本大使館で投票したり、日本国内へ向けて郵便投票したりすることが公職選挙法で認められていましたが、投票できるのは比例選挙に限られていました。その制限について、「国民に平等な選挙権を保障した憲法に違反する」という判決を下したのです。

海外に住む日本人有権者は、衆議院選挙では「小選挙区」での投票ができず、参議院選挙では「選挙区」での投票ができないことになっていました。これは、投票を管理する事務がむずかしくなるという理由からだったのですが、最高裁判所は、この制限は憲法違反だと指摘したのです。

政府は、最高裁判所の指摘を受けて、公職選挙法を改正し、海外にいても国内と同じように投票できるようにしました。憲法第八一条の規定が、こうやって生かされているのですね。

その一方で、最高裁判所の指摘にもかかわらず、改善されない問題もあります。それが、**「一票の格差」**です。

「一票の格差」とは、同じ日本国民でありながら、住んでいる場所によって、選挙の投票のときの一票の重みに違いがあることです。たとえば二〇一二年一二月に実施された衆議院総選挙では、一票の重みが一番軽かったのが千葉県船橋市の千葉4区で、一番重かったのは高知県の土佐市などが含まれる高知3区でした。その格差は二・五二倍。つまり、高知3区の人が二人で千葉4区の五人分ということになります。高知の人は千葉の人より政治的影響力が大きいのです。

こうした一票の格差について、最高裁判所は二〇一一年三月、最大の格差が二・三倍だった二〇〇九年の衆議院総選挙が「違憲状態」だったと断じました。

ただし、選挙を無効にしてしまうと混乱を引き起こすとして、選挙自体を無効にはしませんでした。「違憲状態だけど無効にはしない」。こういう判断を「事情判決の法理」といいます。

しかし、最高裁判所が、格差二・三倍を違憲状態だと指摘したのに、それより格差が広がった二・五二倍で選挙が実施されたのですから、最高裁判所の指摘が守られていないということになります。

格差を是正しなければならないことは国会議員もわかっていたのですが、そのためには選挙区の区割りを変更しなければなりません。議員は、支持者を獲得してきた地域を手放すことになる上、場合によっては立候補を断念せざるをえないことになるため、なかなか話が進まなかったのです。

「最高裁判所は格差が二倍を超えると違憲と判断するだろうから、二倍以内に抑える最小限の改定に」と考えられたのが、「〇増五減」案でした。選出する議員の数を増やさず（つまり〇）、選挙区の数を五減らす（つまり議員を五人減らす）というものでした。

解散直前の土壇場で「〇増五減」にする法案が可決されましたが、二〇一二年一二月の総選挙には間に合いませんでした。

最高裁判所にしてみれば、混乱を避けるために「事情判決の法理」を適用してきたのに、国会議員が、裁判所の判断に甘えて改革を怠っていると見えることでしょう。こんなことを繰り返していると、いずれ最高裁判所が「憲法違反であり、選挙無効。選挙やり直し」を命じることになるかも知れません。

以上の第六章が裁判所についての規定です。二〇〇九年五月、新しく「裁判員制度」が導入されました。これまで日本の裁判は、プロの裁判官にお任せ、ということでやってきました。それではいけない、国民の目を裁判所の中にも向けようというわけです。

プロの裁判官以外に、有権者名簿から抽選で選ばれた人が、「裁判員」として裁判に加わり、被告に判決を下します。裁判員は、有権者名簿に登載されている名簿から無差別に選び出しています。この結果、法律の素人《しろうと》が裁判に参加するようになりました。殺人事件の裁判では、現場の写真や被害者の写真など悲惨な写真を証拠として見なければなりません。このために精神的なショックを受けたという裁判員もいます。あるいは、被告に死刑判決を言い渡さなければならなくなって悩む人たちも出ています。あなたも将来、裁判員に選ばれるかも知れないのです。

▼国の予算は国会で審議する

第七章は「財政」です。

> 第八六条　内閣は、毎会計年度の予算を作成し、国会に提出して、その審議を受け議決を経なければならない。

国の予算というのは、要するに国民の税金の使い道のことですから、国民の代表である国会議員によってチェックを受けなければならない。考えてみれば当たり前のことです。

> 第八九条　公金その他の公の財産は、宗教上の組織若《も》しくは団体の使用、便益若しくは維持のため、又は公の支配に属しない慈善、教育若しくは博愛の事業に対し、これを支出し、又はその利用に供してはならない。

第二〇条の「政教分離」のところで触れた条文です。国民の税金で集めた公のお金は、宗教団体のために使ってはならないのです。

この条文の後半部分に、「公の支配に属しない慈善、教育若しくは博愛の事業に対し」て、公金を「支出」してはならない、と書いてあります。では、私立学校に「私学助成金」が援助されているのは、どうなるのでしょうか。私学助成は憲法違反の疑いがあるという意見もあるのです。

また、キリスト教や仏教の私立学校は、「宗教上の組織もしくは団体」にあたり、ここに私学助成をすることは、二重の意味で憲法違反になるのではないか、という意見があります。

これについて一九六九年、当時の文部省は、私立学校も学校教育法の規制を受け、文部省の定めた教育内容を教えなければならない以上、「公の支配に属している」ので、憲法違反ではない、と説明しました。

しかし、論議は続いていて、もし憲法改正が行われる場合、私学助成ができることを明記すべきだという意見があります。

▼地方のことは、自分たちで決める

第八章は「地方自治」についてです。

明治憲法ではそもそも地方自治に関する条文がありませんでした。**新しい憲法で初めて、**

地方自治の大切さが盛り込まれました。

ただし、その条文はわずか四条。もっと地方自治の大切さを憲法に盛り込むべきだとして、全国知事会は、地方の自主性、自立性を強調すべきだと主張しています。

また、最近は、現状の都道府県制度を抜本的に改め、**道州制**を導入すべきだという声も出ています。

「道州制」とは、北海道は現状のまま残す一方で、東北六県をまとめて「東北州」にするなど、行政の単位を広域化して、地方自治を徹底させようという構想です。いまの中央集権的な政治体制を改め、国の権限や財源を道州に移管することで、地方経済の活性化を図ろうというわけです。

道州制の導入は、いまの日本という国の形を大きく変えることになります。国の形を決めているのが憲法ですから、道州制導入も、憲法改正論議につながるのです。

第九三条② 地方公共団体の長、その議会の議員及び法律の定めるその他の吏員《りいん》は、その地方公共団体の住民が、直接これを選挙する。

全国の都道府県知事、市町村長は、住民が選挙で直接選ぶことが定められています。明治憲法のもとでは、全国の知事は内務大臣が決めていました。「官選知事」だったのです。新しい憲法で、住民が直接選べるようになりました。知事は、いわばその都道府県の大統領のような存在になりました。

しかし、知事や市町村長が議会とは別に選ばれることで、知事と議会が対立する、ということも起きています。

第九五条　一の地方公共団体のみに適用される特別法は、法律の定めるところにより、その地方公共団体の住民の投票においてその過半数の同意を得なければ、国会は、これを制定することができない。

国会がどこか特定の地方自治体についての法律を作る場合は、そこの住民の意見を住民投票で聞かなければなりませんよ、という条文です。

▼憲法の改正方法も定めてある

第九章は第九六条だけで成り立っていますが、これが憲法「改正」の手続きについてです。これについては、憲法改正論議を取り上げる第6章で、詳しく見ることにしましょう。

▼公務員は憲法を守る義務がある

第十章は「最高法規」という項目で、この憲法の意味を説明しています。大事なので、第九七条と九八条を続けて読んでいただきましょう。これについては、解説の必要がないでしょう。

第九七条　この憲法が日本国民に保障する基本的人権は、人類の多年にわたる自由獲得の努力の成果であつて、これらの権利は、過去幾多の試錬に堪え、現在及び将来の国民に対し、侵すことのできない永久の権利として信託されたものである。

第九八条　この憲法は、国の最高法規であつて、その条規に反する法律、命令、詔勅及び国務に関するその他の行為の全部又は一部は、その効力を有しない。

そして、この憲法を、公務員は守らなければならないのです。

――第九九条　天皇又は摂政《せつしよう》及び国務大臣、国会議員、裁判官その他の公務員は、この憲法を尊重し擁護《ようご》する義務を負う。

「摂政」というのは、天皇が一八歳未満だったり病気で仕事ができなくなったりしたときに皇族が代理を務める役のことです。

憲法は、国民が政府に対して、「この憲法を守れ」と、いわば押しつけるもの。だから、**憲法を守る義務を負うのは、権力者である政府と、政府の下で働いている公務員なのです。**

公務員に採用されると、必ず、「日本国憲法を守り……」という誓約書を書きます。これも憲法が根拠になっているのです。

▼守る（守らせる）努力をしなければ意味がない

憲法の中身をかいつまんで見てきました。いいことがたくさん書いてあると思います。

しかし、守られなくては、何の意味もありません。中国の憲法第三五条には、「中華人民共和国公民は、言論、出版、集会、結社、行進、示威の自由を有する」（樋口《ひぐち》陽一・吉田《よしだ》善明編『解説　世界憲法集』）と書いてありますが、中国共産党に反対する言論は認められませんし、「中国民主党」を結成した人たちは、「国家転覆扇動罪《てんぷくせんどうざい》」で逮捕されました。

北朝鮮の憲法にも、言論、出版、集会、示威、結社の自由が書かれていますが、政府を批判した人は逮捕され、その家族は強制収容所に入れられていることは、公然の秘密です。

国民自らが、憲法についてよく知り、権力者である政府、地方自治体に対して憲法を守らせるように不断の努力をしなければ、憲法は「絵に描かれた餅《もち》」になってしまうおそれがあるのです。

第5章

第九条が常に争点になってきた

▼「兵隊も軍艦も持たない」と言ったはず

「こんどの憲法では、日本の国が、けっして二度と戦争をしないように、二つのことをきめました。その一つは、兵隊も軍艦も飛行機も、およそ戦争をするためのものは、いっさいもたないということです。これからさき日本には、陸軍も海軍も空軍もないのです。これを戦力の放棄といいます。『放棄』とは、『すててしまう』ということです。しかしみなさんは、けっして心ぼそく思うことはありません。日本は正しいことを、ほかの国よりさきに行ったのです。世の中に、正しいことぐらい強いものはありません。

もう一つは、よその国と争いごとがおこったとき、けっして戦争によって、相手をまかして、じぶんのいいぶんをとおそうとしないということをきめたのです。おだやかにそうだんをして、きまりをつけようというのです。なぜならば、いくさをしかけることは、けっきょく、じぶんの国をほろぼすようなはめになるからです。また、戦争とまでゆかずとも、国の力で、相手をおどすようなことは、いっさいしないことにきめたのです。これを戦争の放棄というのです。そうしてよその国となかよくして、世界中の国が、よい友だちになってくれるようにすれば、日本の国は、さかえてゆけるのです」

この文章は、前の章でも紹介した文部省の『あたらしい憲法のはなし』の一部です。一九四七年に中学校一年生の社会科教科書として発行されました。「戦争放棄」を定めた日本国憲法第九条が、どのような目的で作られたかが、明記してあります。

この説明によれば、いま日本に存在している「兵隊も軍艦も飛行機」も、憲法に違反している存在ということになります。日本国憲法ができたとき、いまのような自衛隊の存在は想定していなかったことがわかります。

憲法を変えるべきか、変えないでいいのか。憲法改正論議の中心になるのは、第九条です。**第九条があるのに、どうして自衛隊が存在しているのか。その歴史を振り返りながら、第九条の意味を考えてみましょう。**

▼「自衛力」を持てるように憲法を修正した？

第２章で取り上げたように、日本国憲法は、連合国軍総司令部が草案を作り、日本側との交渉の結果、憲法案が確定しました。この憲法案を衆議院で審議している過程で、いくつもの修正が行われました。その最大のものが、「芦田《あしだ》修正」と呼ばれるものです。

憲法第九条については、国会に提出された案が、衆議院憲法改正案特別委員会で検討された結果、細かい字句の修正のほかに、当時の自由党の芦田均《ひとし》委員長によって、二か所が大きく修正されました。どう変わったのか。当初の案は、次のようになっていました。

第九条　国の主権の発動たる戦争と、武力による威嚇《いかく》又は武力の行使は、他国との間の紛争の解決の手段としては、永久にこれを抛棄《ほうき》する。

陸海空軍その他の戦力は、これを保持してはならない。国の交戦権は、これを認めない。

これが修正され、次のような現在のものになりました。傍点をつけたのが、新しく付け加えられたり、修正されたりした部分です。

【日本国憲法】

第九条　日本国民は、正義と秩序を基調とする国際平和を誠実に希求し、国権の発動たる戦争と、武力による威嚇又は武力の行使は、国際紛争を解決する手段としては、永久にこれを放棄する。

② 前項の目的を達するため、陸海空軍その他の戦力は、これを保持しない。国の交戦権は、これを認めない。

細かい字句の修正は三か所。「国の主権」が、「国権」と短くなりました。「抛棄」という字が「放棄」に変えられました。「保持してはならない」が「保持しない」になりました。

大きな修正のひとつは、冒頭に「日本国民は、正義と秩序を基調とする国際平和を誠実に希求し」という文章が入ったことです。

もう一か所は、後段の最初に「前項の目的を達するため」という表現が追加されたことです。

当初は、こう修正されても内容に大差はないと思われていましたが、一九五七年になって、芦田は、二か所目の修正について、日本が自衛のための力を持つことができるように憲法を修正しておいた、と説明したのです。

どういうことなのでしょうか。それは、「前項の目的を達するため」という表現が入ったことによって、「日本は無条件に武力を捨てるのではないということは明白」になったというのです。

つまり、「戦争」と「武力による威嚇又は武力の行使」は、「国際紛争を解決する手段」としては放棄した。そのための「戦力」は「保持しない」。だから、**「国際紛争を解決する手段」ではなく、自国を守るための力だったら持ってもいいと解釈できる、**というのです。

もともと、あらゆる戦力を放棄することを目的にしていたはずの第九条が、「前項の目的を達するため」という文章を入れたことによって、「自衛力」を保持できるようになった、というのです。

▼当初の政府は「自衛権も放棄」と説明していた

日本が新しい憲法を作ることになったとき、連合国軍総司令部のマッカーサー司令官が示した三条件では、「自国を守るための戦争も放棄する」となっていました。

しかし、憲法草案を作る過程で、この部分はマッカーサーの部下のケーディス大佐によって削除されていました。ケーディス大佐としては、どの国にも自国を守る権利はあり、自衛の戦争まで放棄するのは非現実的だと考えたからです。

アメリカとしては、日本に対して、「自衛権」まで放棄することは求めていなかったのです。

ところが、出来上がった憲法改正案を見た日本人の多くは、自衛権も放棄した憲法だと受け止めました。総理大臣すら、そうだったのです。憲法制定前の改正案を審議する国会で、当時の吉田茂《よしだ》総理は、自衛権も放棄したと答弁しています。

これは、共産党の野坂参三議員が、「戦争には侵略のための戦争と、侵略された国が自国を守る防衛のための正しい戦争があるので、戦争一般を放棄するのではなく、侵略戦争だけを放棄するべきではないか」と問いただしたことに対する答えです。

この中で吉田総理は、「近年の戦争の多くは国家を防衛するためという名目で行われているので、正当防衛権を認めることは戦争を誘発することになる」と言って、日本は自衛権も放棄したと説明したのです。

戦争は、どこの国も、「自分の国を守るためだ」と言って始める。わざわざ「これは侵略戦争だ」などと言って始めることはない。だから、「自分の国を守るための戦争」というものも否定してこそ、戦争をやめることができると吉田総理は説明したのです。

吉田総理としては、憲法を素直に読めばそういう解釈になると考えたのでしょう。

しかし、政府内部には、「憲法は自衛権までは否定していない」という考えがありました。

吉田総理のような解釈をされないように、**芦田委員長としては、自衛権を持っていると解釈できるように第九条の条文に修正を加えようとした**というのです。

▼なぜ「文民」条項が入っているのか？

日本の国会の審議の過程で第九条が修正され、「前項の目的を達するため」という文章が入ったことについて、占領軍は直ちに反応しました。その結果が、現在の憲法の第六六条です。

【日本国憲法】
第六六条② 内閣総理大臣その他の国務大臣は、文民でなければならない。

ここで出てくる「文民」という言葉。英語では「シビリアン」ですが、要するに「軍人ではない」という意味です。**総理大臣や大臣は軍人ではいけない**、という意味です。

よく考えると、これはとても不思議な条項です。日本は憲法第九条で戦力を放棄しているので、軍隊はないはずです。軍隊がないのだから軍人は存在せず、日本国民は全員が「文民」です。総理や大臣は文民でなければならないという条項は意味がありません。

この条項は、日本に「軍隊」が存在することを前提にしているのです。

このような条項ができたのは、次のような動きがあったからです。

当時の日本はアメリカ軍が中心となった連合国軍総司令部が占領していましたが、組織上、さらにその上に「極東委員会」があって、アメリカやイギリス、ソ連（ソビエト社会主義共和国連邦）、中国（中華民国）の代表がいました。この極東委員会が、憲法第九条が修正されたのを見て、「これで日本は自衛のための軍隊を持つことが可能になる」と判断しました。そうなると、戦前の日本のように、軍人が内閣に入ることが起こりうるのではないかと心配しました。そこで、内閣の大臣は「文民」だけにするという条項を入れるべきだと考えたのです。

連合国軍総司令部のマッカーサー司令官は、この意向を受けて、日本に対して、「シビリアン（文民）に限るという条項を付け加えるべきだ」と求めたのです。

つまり、**当時の占領軍は、日本が自衛権を持ち、自衛のための何らかの力を持てることを当然のことと考えていました。憲法第六六条に「文民条項」があるのは、「軍隊のような組織」が存在することを前提にしていた**のです。

▼朝鮮戦争でアメリカが方針転換した

こうして日本国憲法は、「自衛権」を認めているという解釈が一般的になりました。しかし、最初からいまのような自衛隊があったわけではありません。日本が降伏した後、それまでの旧日本軍は解体され、日本に軍隊は存在していませんでした。多くの日本国民は、憲法第九条で戦争放棄を決めたのだから、日本は軍隊を持つべきではない、と考えていました。当時の文部省も、その考えで『あたらしい憲法のはなし』という教科書を作ったのです。

それが大きく変わることになったのは、朝鮮戦争がきっかけでした。

一九五〇年六月二五日、朝鮮半島を南北に分けていた北緯三八度の分断線を越えて、北朝鮮軍の大軍が韓国に攻め込みました。**朝鮮戦争**の始まりです。

この頃、世界は、アメリカを中心とした西側諸国と、ソ連を中心とした東側諸国に分かれて対立していました。これを**「東西冷戦」**といいます。アメリカとソ連が直接戦争をする（熱戦）わけではなく、冷たく対立するので、「冷戦」と呼ばれました。でも、アメリカとソ連は直接戦わなくても、周辺では、それぞれの陣営に所属する国同士の争いが絶えませんでした。朝鮮半島も、そのひとつでした。

アジア・太平洋戦争が終わるまで、朝鮮半島は日本が支配していました。日本が戦争で負けると、朝鮮半島には、北からソ連軍が、南からアメリカ軍がやってきて、北緯三八度線を境に、それぞれ占領しました。

その結果、アメリカ占領地には韓国（大韓民国）が、ソ連占領地には北朝鮮（朝鮮民主主義人民共和国）が建国されました。朝鮮半島が三八度線で分断されたのです。

韓国はアメリカ陣営に、北朝鮮はソ連陣営に入り、三八度線で双方がにらみあうことになりました。

北朝鮮のトップだった金日成《キムイルソン》首相（当時の肩書は首相）は、分断された朝鮮半島を武力で統一しようと、韓国に攻め込みました。

北朝鮮軍による突然の攻撃で、韓国軍は総崩れになります。これを見たアメリカは、自分の陣営である韓国を守ることを決め、軍隊を韓国に送ります。当時、アメリカ軍は韓国から引き揚げていたため、とりあえず日本に駐留していたアメリカ軍七万五〇〇〇人のほとんど全員を韓国に送り込みました。

日本にいたアメリカ軍がみんな韓国に行ってしまうと、日本には軍隊がほとんど存在しなくなります。マッカーサー司令官は、それが心配になりました。

アメリカ軍の兵士は韓国に送られても、その家族は日本に住んでいます。もし日本国内で、北朝鮮の味方をするグループがアメリカ軍基地を襲ったら……。アメリカは、それを心配しました。

また、日本のすぐ北には、アメリカと対立するソ連があります。日本に軍隊がいなくなったのを見て、ソ連軍が押し寄せてきたら……。そんなことも恐れたのです。

こうした心配から、アメリカは、日本に「軍隊」を作らせることにしました。**日本に「軍隊」を作らせ、それがアメリカ軍基地を守り、日本を外国の攻撃から守らせることにしたのです。いったんは旧日本軍を解体したアメリカが、方針を転換させたのです。**

▼軍隊ではない「警察予備隊」を作らせた?

朝鮮戦争の開戦当初は、日本はまだ連合国軍に占領されていました。連合国軍総司令部のマッカーサー司令官は、七月八日、吉田茂総理に対して、七万五〇〇〇人の「ナショナル・ポリス・リザーブ」を創設し、海上保安庁の職員を八〇〇〇人増員することを許可する、という指示を出しました。「許可」という言い方が不思議ですね。別に日本が申請したわけでもないのに、「許可する」と言われたのです。要するに、「作れ」という命令でした。

指示を受けた日本側は困りました。「ナショナル・ポリス・リザーブ」の意味がわからなかったからです。日本側は、とりあえず「警察予備隊」という日本語の訳をあてました。

七月一二日になって、アメリカから、「ナショナル・ポリス・リザーブ」の詳しい案が日本に渡されました。それを見た日本は、アメリカが日本に「軍隊」を作らせようとしていることに気づいたのです。

アメリカは、東西冷戦が激しくなる中で、こう考えました。「いまはアメリカが日本を占領しているけれど、いずれ日本は独立し、アメリカ軍は日本から引き揚げる。そうなると、日本に軍隊はいなくなる。もし日本国内で、ソ連や中国を支持するグループが武器を持って立ち上がったら、それを押さえる力がなくなる。そうならないように、アメリカ軍の指導に従う小規模な軍隊を作っておこう」と。

しかし、憲法第九条で、日本は「戦力」を持たないと宣言しています。軍隊を作らせるわけにはいきません。そこで、「警察予備隊」という名前の組織を作らせることから始めたのです。

日本を占領した連合国は、日本が最大で二〇万人までの警察力を持つことを認めていました。これまでに一二万五〇〇〇人の警察官が誕生していたので、あと七万五〇〇〇人の枠《ワク》が

米軍から貸与されたバズーカ砲で訓練をする警察予備隊（1951年11月、写真提供＝毎日新聞社）

あります。マッカーサーは、このワクを使って、七万五〇〇〇人の警察予備隊を作らせることにしました。この七万五〇〇〇人というのは、日本から朝鮮半島に出動したアメリカ軍兵士の数と、ちょうど同じでした。

▼「警察と呼びたい」というものだった

本当は軍隊なんだけど、軍隊とは呼べない。そこから生まれた名前が「警察予備隊」。まさに「警察と呼びたい」というものでした。

七万五〇〇〇人は「警察力」として誕生しましたが、いずれ日本の「陸軍」になる予定の組織でした。

海上保安庁つまり「海の警察」に増員された八〇〇〇人は、「海上警備隊」になりましたが、

自衛隊の誕生

第九条（草案）
------陸海空軍その他の戦力は、これを保持してはならない
①
日本の自衛のためちょっと修正しよう
芦田均委員長
②
第九条
前項の目的を達するため、陸海空軍その他の戦力は、これを保持しない
③
1950年6月25日 朝鮮戦争勃発
④
日本駐留の米軍が韓国に行くと日本は無防備になる
マッカーサー
⑤
日本人で警察予備隊をつくってほしい
え!?
吉田茂
⑥
1952年10月
警察予備隊は保安隊、海上警備隊は警備隊になる。
⑦
1954年7月自衛隊法が施行
これからは自衛隊だ
⑧

これはいずれ「海軍」になる予定の存在でした。

当時の日本は、まだ戦後の混乱期。失業者が町にあふれていました。そんなときに、新しく国家公務員の募集が始まったわけですから、応募者が殺到。七万五〇〇〇人の採用に対して三八万二〇〇〇人もが応募したのです。

応募した人たちの多くは、「国家警察」の警察官になるのだと思っていました。「警察予備隊」も、警察そっくりを装っていました。警察予備隊のトップは、軍隊で言えば中将の位でしたが、「警察監」と呼ばれました。少将は「警察監補」、大佐は「一等警察正」、中佐は「二等警察正」、少佐は「警察士長」、大尉は「一等警察士」という具合です。一等兵は「一等警査」、二等兵は「二等警査」という名前でした。

当時アメリカ軍にいて、警察予備隊を教育する立場だったフランク・コワルスキーは、警察予備隊の隊員を訓練することになったアメリカ軍の部下に対して、次のように注意しています。

「日本の憲法は軍隊を持つことを禁止している。したがってきみは兵を兵隊と呼んだり、士官を軍隊の階級で呼んだりしてはならないのだ。兵は警査と呼び、士官は警察士とか警察正とか呼ぶのだ。もし戦車が見えたら、それは戦車ではなく特車だというのだ」（フランク・コワルスキー著、勝山金次郎訳『日本再軍備』）

戦車は、警察予備隊に渡された途端に、戦車ではなく「特車」（特別な車）に名前が変わるのです。

いまの自衛隊は、さすがに戦車は戦車と呼ぶようになりましたが、歩兵は「普通科」、工兵は「施設科」、砲兵は「特科」と呼ばれています。たとえば「普通科連隊」といえば、軍隊で言うところの「歩兵連隊」のことなのです。

また、**海上自衛隊が持っている船は「護衛艦」と呼ばれます。世界の海軍の常識では駆逐艦だったり巡洋艦だったり戦艦だったりするものが、自衛隊ではみんな「護衛艦」と呼ばれてしまうのです。**

▼法律を作らずにこっそりと発足した

警察予備隊は「警察力を補う」ためという名目だったので、新しい法律は作らず、政府の命令である政令で設置しました。その政令も、もし国会が開かれている間だと、野党議員から追及される可能性があったので、**国会が休会に入った一九五〇年八月一〇日になってから、吉田総理が「警察予備隊令」として公布しました。この政令で、警察予備隊が発足したので**

す。

この政令の第一条では、警察予備隊の目的を、次のように説明しています。

「この政令は、わが国の平和と秩序を維持し公共の福祉を保障するのに必要な限度内で国家地方警察および自治体警察の警察力を補うため警察予備隊を設け、その組織等に関し規定することを目的とする」

本当の目的は「軍隊」を作ることだったけれど、憲法第九条が「戦力」の保持を禁止しているので、「警察予備隊」の名前で、警察そっくりの組織を作った。「軍隊」ではないので、戦車のような名前は使わない。**これが、やがては自衛隊へと発展する組織のスタートだったのです。**

警察予備隊を指導する立場だったコワルスキーは、こう述べています。

「私個人としては、あの恐ろしい戦争のあと、大きな希望と期待をもって生まれかわった民主主義国日本が、国際情勢のためやむをえないとはいえ、みずからその理想主義的憲法を踏みにじり、国民がきっぱりと放棄した戦力を再建せねばならなくなったのは悲しいことであった」(前掲書)

▼占領からの独立とともに、予備隊から保安隊へ

当初、警察予備隊は、旧日本軍で将校だった人物は採用しない方針でした。「軍国主義」の考え方を持っている人物が入ってくるのを恐れたからです。しかし、組織が拡大し、扱う兵器も増えてくるに従って、軍事知識を持っている要員が必要になり、警察予備隊が発足した一年後には、旧軍将校たちも幹部要員として入隊が認められるようになりました。実態としても警察予備隊は「軍隊」になり始めたのです。

一九五一年九月、日本はサンフランシスコ講和条約によって、再び独立が認められました。アメリカ軍の占領が終わったのです。これを受けて、**一九五二年一〇月、警察予備隊は保安隊となり、海上保安庁の一部だった海上警備隊は海上保安庁から独立して警備隊となりました。**保安隊と警備隊の上部組織として保安庁が作られ、総計一一万人に発展しました。

保安庁は、国家公務員試験に受かって採用された国家公務員。「文民」です。文民がプロの部隊員（要するに軍隊の兵隊）をコントロールする仕組みが確立したのです。これを「文官優位」といいます。戦前の日本軍は、軍の将軍がそのまま内閣の大臣になるという状態で、文民の支配を受けることはありませんでした。その反省から、文民が軍人をコントロールする仕組みが導入されたのです。

警察予備隊発足のときは政令でこっそり作られましたが、今回は**保安庁法**が作られ、保安庁の目的は、「わが国の平和と秩序を維持し、人命及び財産を保護するため」となりました。「警察の一部」などという言い訳をしなくなったのです。装備も充実し、とても警察が持つ武器とは言えない戦闘用の装備を備えるようになっていました。

▼ついに自衛隊になった

さらに**一九五四年、保安庁は防衛庁に発展**します。規模が大きくなり、次第に軍隊色が濃くなります。

また、保安隊は陸上自衛隊に、警備隊は海上自衛隊になりました。そして航空自衛隊が新設されたのです。総定数は二五万人（実際の人数は約二四万人）にまで拡大しました。

さらに**二〇〇七年一月、防衛庁は防衛省に昇格**しました。防衛庁だと内閣の下に位置しますが、防衛省なら独立した省となり、大臣もいます。

自衛隊は、**自衛隊法**にもとづいて設置されました。自衛隊法第三条で、自衛隊の任務は「わが国の平和と独立を守り、国の安全を保つため、直接侵略及び間接侵略に対しわが国を防衛することを主たる任務とし、必要に応じ、公共の秩序の維持に当るものとする」と定め

2011年3月13日、東日本大震災被災地にて被災民の救助活動をする自衛隊（出典＝防衛省HPより）

られました。

ここでいう「直接侵略」とは、外国の軍隊が日本に攻めてくることです。それに対して「間接侵略」というのは、日本を侵略しようとしている外国の組織から指示された日本人が、日本国内で暴動などを起こすことを想定しています。それをきっかけにして、その外国の軍隊が日本を侵略するおそれがある、という考えです。

「公共の秩序の維持に当る」と書いてあるように、外国からの侵略がなくても、日本国内で混乱が起きた場合、自衛隊が日本国内で出動して、混乱を抑えることがあるということを示しています。

また、それとは別に、国内で大きな災害

が起きたとき、自衛隊は災害出動するようになりました。とりわけ二〇一一年三月に発生した東日本大震災では、全国の自衛隊員が、被災者の救出や遺体の捜索・収容、被災者への援助活動に取り組みました。避難所暮らしをしている人のために仮設の入浴施設を作って被災者に喜ばれるなど、自衛隊員の献身的な活動には多くの賛辞の声が出ました。出動した隊員の数は、最大時には一〇万人体制になり、のべにして一〇六六万人にも上りました。

▼安保条約が前提になっている、米軍を補佐する組織

自衛隊は、**安保条約（日米安全保障条約）**の存在を前提としています。安保条約は、**「日本がもし外国から侵略されるようなことがあれば、アメリカ軍が日本を防衛する。そのためにアメリカ軍は日本に駐留する」**という日本とアメリカの約束です。**一九五一年、日本が独立を果たすと同時に結ばれました。**

自衛隊は、その前身の警察予備隊がアメリカ軍によって作られたこともあって、全体の組織や行動は、アメリカ軍に準じています。アメリカ軍としては、「アメリカ軍を補佐する」組織であればよかったのです。

たとえば、自衛隊が生まれた頃、最大の「仮想敵」はソ連でした。このため「ソ連の侵略

の可能性」が一番高い北海道に主力部隊が配置されました。しかし、もしソ連軍が本格的に北海道に上陸してきたら、自力ではとても防衛しきれるほどの力はなかったため、アメリカ軍が支援に駆けつけるまでの一週間程度持ちこたえることを想定していました。

また、朝鮮半島で再び戦争が起きれば、アメリカ軍は朝鮮半島に派遣されます。その際、もし日本に駐留するアメリカ軍に対して攻撃があれば、それは日本に対する攻撃でもあるので、自衛隊が反撃します。結果として、日本の自衛隊がアメリカ軍基地を守ることになる、というわけです。

アメリカ軍にとって、自衛隊は必要な存在だったのです。

▼「戦力」？　それとも「実力」？

憲法第九条が存在するにもかかわらず自衛隊が誕生したことから、国会では、第九条と自衛隊の関係が、たびたび論議になりました。

自衛隊が発足し、まさに軍隊としての装備を持つようになると、「自衛隊は、憲法第九条が持つことを禁止している戦力に当たるのではないか」として、社会党（当時。現在は社会民主党に改名）や共産党が国会で政府を追及します。この追及に対して答弁をしているうちに、政府の説明は変わっていきます。

一九四六年六月の衆議院で、吉田総理は「憲法は自衛権も否定している」と答弁していましたが、次第に発言を変えていきます。

一九五一年一〇月一八日、衆議院で吉田総理は、「自衛権を否認したというような非常識なことはないと思います」と、前の発言をひっくり返します。

さらに、その翌日には、「自衛権は国に存在するのであって、自衛権の発動としての戦争、その場合はいたし方ないのでありますが」と言い出します。

そして、警察予備隊から保安隊になった後の一九五二年一一月、憲法第九条が否定している「戦力」について、吉田内閣として、次のように定義しました。

「戦力」とは、近代戦を戦うのに役立つ程度の装備を備えるものである。「戦力」の基準は、その国の置かれた環境で具体的に判断しなければならない。「戦力」まで至らない程度の実力を持ち、これを防衛のために使うことは憲法違反ではない。保安隊は近代戦を戦える程度のものではないので、憲法上の「戦力」ではない。

近代戦を戦えるのが「戦力」であり、保安隊は近代戦を戦える能力がないから「戦力」ではないという理屈です。

ところが、その後保安隊が自衛隊に発展し、自衛隊の装備が充実して近代戦を戦えるようになると、「戦力」の定義を「近代戦を戦える能力」とは言わなくなりました。その代わりに、一九七二年一一月から、「戦力」とは、「自衛のため必要な最小限度を超えるもの」という定義に変えたのです。それ以降、自衛隊は、「戦力」ではなく、「自衛のための必要最小限度の実力」だと説明するようになるのです。

時代と共に、政党の考え方も変わります。国会で「自衛隊は違憲の存在ではないか」と政府を追及し続けていた社会党は、一九九四年に自民党や新党さきがけ（現在は存在しない政党）と一緒に政権を作り、社会党の村山富市委員長が総理大臣になるや、「自衛隊は憲法違反ではない」と言い出します。総理大臣は自衛隊の最高指揮官。村山総理は、かつて存在を批判し続けていた自衛隊の観閲式に最高指揮官として臨むまでになりました。

▼防衛費を抑える基準もなくなった

自衛隊が憲法違反の存在であるかどうかをめぐって国会ではさまざまな論議が交わされて

きましたが、防衛費を抑えようとする動きもありました。自衛隊が「戦力」であるかどうかはともかく、軍事費（防衛費）が多くなりすぎると、日本の周辺の国々が、「日本はまた強大な軍事大国になろうとしているのではないか」と心配することになるから、その不安を取り除こうとしたのです。

いま「軍事費（防衛費）」という表記をしました。自衛隊は、軍隊ではないという建前から、日本政府は、軍事費とはいわずに防衛費と表現します。世界の国々の軍事費と比較するときも、他国は軍事費と表現し、日本だけは防衛費なのです。

こうしてできたのが、「防衛費はGNP（国民総生産）の一%以内とする」という基準でした。GNPは、日本の国民が一年間に作り出した生産物の値段の総計です。これを基準とし、自衛隊に使う防衛費は、この一%以内としようというものです。一九七六年に、当時の自民党の三木武夫《たけお》内閣が定めた基準でした。

この一%という基準に、特に意味はありませんでした。まして、当時の日本は経済成長が続いていましたから、毎年GNPは増え続けます。つまり、その一%の金額も増え、それだけ防衛費は増え続けたのです。

日本としては、「防衛費を急増させて軍事大国になるつもりはありません。国力に応じた防衛費しか使いませんよ」と海外にアピールするものだったのです。

しかし、防衛費は、中曾根康弘《なかそねやすひろ》内閣時代の一九八七年度予算で一％を突破します。「一％という数字に特に意味はない」というのが、その説明でした。それ以来、防衛費に関して、「GNP一％ルール」は問題にされなくなってしまいました。

▼「自衛隊は国際法上は軍隊」

日本国内では「自衛隊は軍隊ではない。戦力は持っていない」と言い続けてきた歴代の内閣ですが、一九九一年一一月の衆議院で、外務省の柳井《やない》俊二条約局長は、次のように説明しています。

「国際法上は軍隊として取り扱われるということが言えると思います。したがいまして、自衛官は国際法上軍隊の構成員、また例えば船、自衛艦でございますが、これは国際法上軍艦というふうに取り扱われますし、あるいは自衛隊の航空機はいわゆる軍用機というような取り扱いを受けるというふうに言って差し支えないと思います」

つまり、自衛隊は国内では軍隊ではないけれど、海外へ出ると、軍隊として扱われると認めているのです。日本では自衛隊のことを英語で“Self Defense Force”と訳していますが、海外では"Japanese Army"と呼ばれるのです。

▼「国民は戦力だと思っている」と小泉総理、「海外では軍隊」と安倍総理

これが小泉純一郎総理（当時）になると、一層はっきりとした言い方をします。二〇〇二年五月、小泉総理は、衆議院での答弁で、こう言っています。

「いまだに自衛隊について、解釈の点において、一切の戦力は保持してはならないということを言っていますけれども、果たして自衛隊が戦力ではないと国民は思っているでしょうか。しかし、法律上の問題でこれは戦力じゃないと規定しているのであって、一般国民は、多くの国民は自衛隊は戦力だと思っているのは、常識的に考えてそうだと思いますね」

歴代の内閣としては、法律論で自衛隊は「戦力」ではないと説明してきたけれど、一般国民は自衛隊を戦力だと思っている。これが常識だ、と言ったのです。

また、安倍晋三《しんぞう》総理大臣も、二〇一三年七月のテレビインタビューで、「国内では自衛隊は軍隊ではないと言われているが、海外では軍隊として認識してもらっている。軍隊として認識してもらわなければ国際法の社会の中での行動ができない」と指摘しています。

海外での自衛隊は、どういう扱いなのでしょうか。二〇一一年一〇月、私は海上自衛隊の

日米共同の離島奪還訓練で、海上の輸送艦からヘリコプターで降り立つ自衛隊員ら（米サンクレメンテ島、2013年6月17日、写真提供＝毎日新聞社）

活動を取材しにアフリカのジブチ共和国に行きました。ジブチの隣国ソマリアでは内戦が続き、政府が機能していなかったため、ソマリア人による海賊が出没していました。彼らは行き交う船舶を襲撃するため、国際社会が対策に乗り出し、日本も海上自衛隊の護衛艦二隻を送り、日本の貨物船などの警備をしていたからです。

護衛艦は、海賊らしき怪しい小船を発見すると、大音響の警告を発します。その文章を見せてもらうと、「This is Japanese navy」（こちらは日本海軍である）と書いてあるではありませんか。驚いて、担当者に、「こんなこと言っていいのですか？」と尋ねると、「海賊に Self Defense Force と言っても理解できませんから、この方が警告になるのです」との返答でした。

日本国内では軍隊ではないことになっているが、海外では軍隊。これが自衛隊なのです。

▼「自衛のためなら核兵器も持てる」？

「戦力」か、実力か。核兵器に対する考え方も変わりました。当初は、核兵器は「攻撃的兵器」なので持てないと説明していましたが、一九五八年四月、岸信介《のぶすけ》総理は参議院で、「自衛隊の力は自衛権の裏づけのための最小必要限度の力であり、その範囲内の小型核兵器というものはありうる」とまで発言しました。

もちろんこの発言は、日本がすぐに核武装するという意味ではありません。しかし将来、とても小型で威力の小さい核兵器が開発され、それを日本政府が「これは防御用の核兵器だ」と宣言すれば、日本は核兵器まで持つことができるのだ、と言ったのです。これ以降、自民党内閣は、この説明を変えていません。

日本は、一九六七年に佐藤栄作内閣が宣言して以来、「非核三原則」を国の基本原則と決めています。「核は保有しない、核は製造もしない、核を持ち込まない」というものです。唯一の被爆国として、この原則を守る方針ですから、すぐに核兵器を製造することにはなりませんが、核兵器まで持っても「戦力」ではない、という説明が可能になるというのです。

▼裁判所はどう判断したのか

自衛隊は、いったい憲法第九条に違反する「戦力」であるのか、どうか。これが裁判で争われたことがあります。**「長沼訴訟」**です。

一九六八年、航空自衛隊が、北海道長沼町の国有林の保安林を伐採してミサイル基地を建設する計画を発表しました。翌年、農林大臣が「公益上の理由」から、保安林の伐採を認めたことから、地元住民が、「憲法違反の自衛隊の計画は公益に当たらない」などと主張して、伐採を取りやめるように国を訴えたのです。

これについて札幌《さっぽろ》地方裁判所は一九七三年九月、住民の訴えを認める判決を言い渡しました。判決の中で裁判所は、自衛隊について、「憲法第九条が保持を禁止している戦力」に当たると判断し、自衛隊は憲法違反だと認定しました。

政府はこの判決を不服として控訴しました。札幌高等裁判所は一九七六年八月、住民には訴える利益がないとして地方裁判所の判決を取り消しました。保安林の伐採をやめさせても、訴えた住民が利益を得るわけではないから、住民に訴える資格がないというのがその理由でした。また、自衛隊が憲法違反かどうかについては、「自衛隊の存在は高度に政治的な問題であり、一見きわめて明白に違憲と言えない場合は、裁判所が判断するものではない」と言って、憲法について判断しませんでした。

こういう考え方を、「統治行為論」といいます。高度に政治的な問題は、裁判所が口を出さないほうがいいという考え方です。

今度は住民側が上告しましたが、最高裁判所は一九八二年九月、自衛隊が憲法違反かどうかについては判断せずに、住民には訴える利益がないとして住民の訴えを退けました。

憲法第八一条には、最高裁判所は憲法違反であるかどうかを判断する終審裁判所であると定められていますが、最高裁判所は、自衛隊が憲法違反の存在なのかどうか、判断を下さなかったのです。

これについては、「最高裁判所は、憲法で与えられている責任を果たしていない」という批判があります。

▼自衛隊、海外へ

その後も自衛隊の存在は大きなものになっていきます。

日本が国際貢献する上で、自衛隊を使おうという動きになっているのです。きっかけは湾岸戦争でした。詳しい経緯は、第6章で取り上げます。

一九九二年六月、「国連平和維持活動協力法」(PKO協力法)が成立しました。世界各地で紛争が続いていますが、内戦が停戦になり、国連が平和維持活動(PKO活動)に乗り出した場合、自衛隊が協力できる、という法律です。

自衛隊が派遣される場合は、当事者が派遣に合意していること、中立を維持すること、自衛目的以外の武力を使わないことを条件にしています。停戦合意が崩れたら、自衛隊は直ちに撤退することになっています。

この法律にもとづいて、自衛隊は、一九九二年に初めて東南アジアのカンボジアに派遣されました。

その後も、一九九三年五月にアフリカのモザンビークに、九四年九月にアフリカのルワンダに、九六年二月に中東のゴラン高原に、九九年一一月に東ティモールに、それぞれ自衛隊員が派遣されました。

二〇〇一年九月にアメリカで同時多発テロ事件が発生すると、アメリカ軍はアフガニスタンでタリバンを攻撃。これを支援するため、「テロ対策特別措置法」が制定されました。この法律では、自衛隊は「戦闘行為が行われていない」場所での支援活動ができることになっていました。この法律にもとづいて、海上自衛隊の船がインド洋に派遣され、二〇一〇年一月までアメリカ軍などの軍艦に燃料を補給する活動を実施しました。

さらに、二〇〇三年になると、「イラク復興支援特別措置法」が成立しました。アメリカ軍の攻撃で混乱が続くイラクで、二〇〇九年二月まで自衛隊が活動したのです。自衛隊が活動する地域は「非戦闘地域」ということになっていましたが、イラク全土がいわば戦地。カンボジアに派遣されたときは、自衛隊は自分自身を守るためだけのごくわずかな武器しか持って行きませんでしたが、イラクへは、重武装の部隊が派遣されました。自衛隊の海外での活動が、次第に拡大しているのです。

▼「集団的自衛権」は使えるか？　使えないか？

憲法第九条をめぐっては、最近もうひとつの議論が持ち上がっています。それが、「集団的自衛権」の問題です。

一口に「自衛権」と言っても、「個別的自衛権」と「集団的自衛権」があります。個別的自衛権は、自国が他国から攻撃されたとき、自分の国を守る権利です。

集団的自衛権は、**互いに助け合うグループを作り、その仲間が他国から攻撃されたら、自**

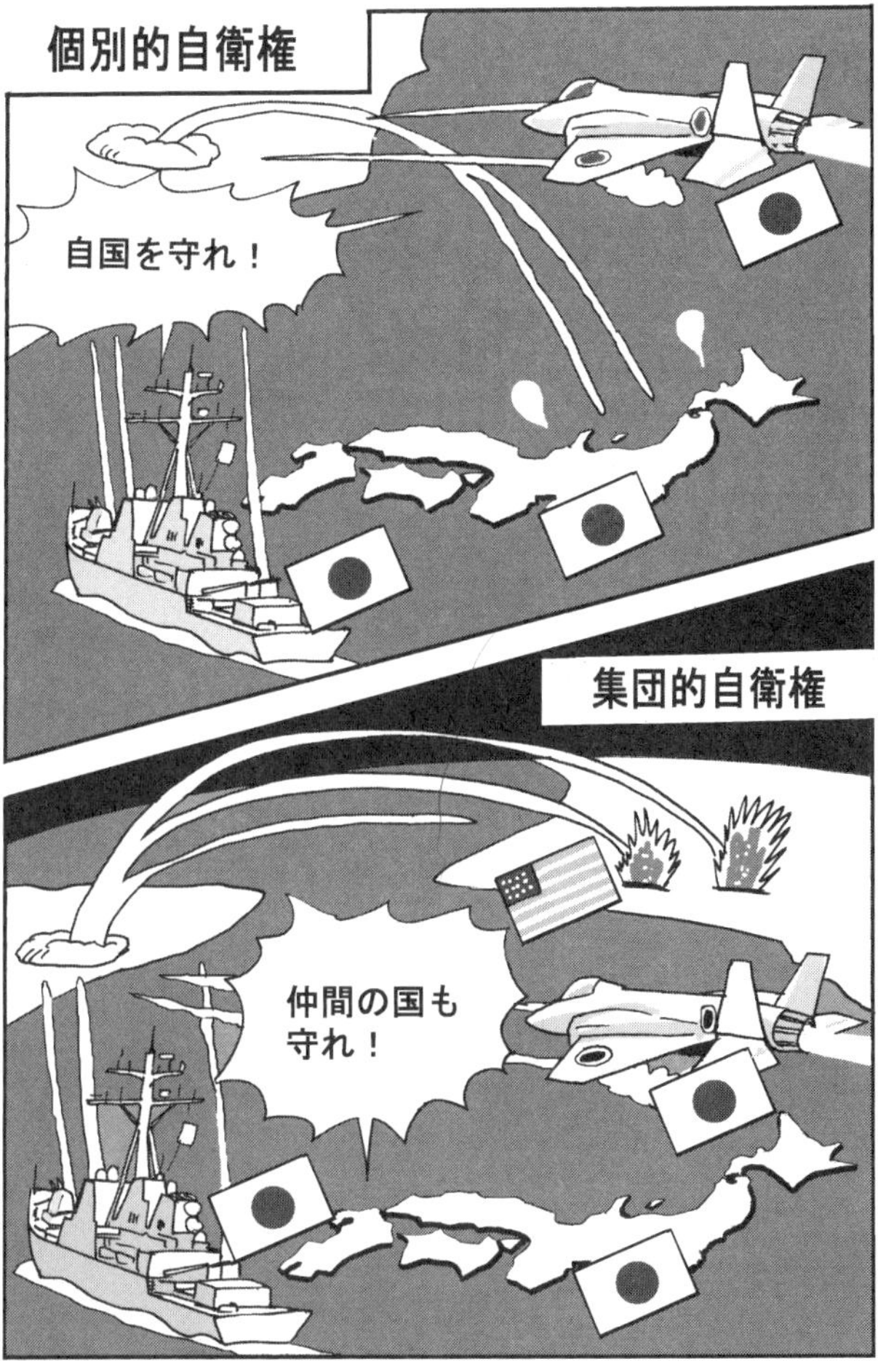
個別的自衛権
自国を守れ！
集団的自衛権
仲間の国も
守れ！

国が攻撃されたと同じに考え、仲間の国と一緒になって、攻撃してきた国と戦う権利のことです。

日本政府の法律解釈を決める役所である**内閣法制局**は、いまの憲法が制定されて以来ずっと、「日本も独立国である以上、個別的自衛権も集団的自衛権も持っている」という立場です。「ただし、憲法第九条で戦争を放棄しているので、他国を応援する戦争はできないから集団的自衛権は使えない」と説明してきました。

つまり、「日本は国際法上、国家として集団的自衛権を持ってはいるが使えない」というのです。

内閣法制局は、内閣に置かれている国の役所です。局という名称ですが、トップは局長ではなく、長官です。首相が任命します。仕事の内容は、内閣に対する法律面でのアドバイザーです。内閣が法律案や政令を作成したり、外国との間で条約を結んだりする際に、いまある法律と矛盾することがないか、憲法に違反することがないか、などを検討します。内閣法制局がOKを出して初めて、法律案は国会に提出することができます。内閣としての憲法判断も、一手に引き受けてきました。

日本はアメリカと日米安保条約を結んでいて、もし日本が他国から攻撃されたら、アメリカが、日本を守ってくれることになっています。ところが、もしアメリカが他国から攻撃されても、日本の自衛隊はアメリカ軍と一緒に戦うことはできない、というわけです。

たとえば、もし北朝鮮がミサイルを発射したとき、日本に向けて飛んでくるものであれば、日本として撃ち落とすことができるが、アメリカに向けて飛んで行くものであれば、日本としては撃ち落とすことができない、ということです。

こんなおかしなことが起きるのだったら、憲法の解釈を変えて、集団的自衛権も認めたらいいではないか、と主張する人がいる一方で、日本は集団的自衛権を行使できないから、他国の戦争に巻き込まれる恐れがないのだ、という考えもあります。

どう考えればいいのでしょうか。それよりも何よりも、憲法第九条と自衛隊の関係は、このままでいいのでしょうか。

現実に合わせて自衛隊を増強し、憲法の条文との矛盾が生じるたびに憲法解釈を変えてやってきた戦後半世紀あまり。**解釈を変えることで自衛隊が大きく成長したことは、実質的に憲法を変えてしまったことになる、という指摘もあります。**これを「**解釈改憲**」といいます。

もし集団的自衛権を認めれば、ここでも解釈改憲したことになるという批判が出るでしょう。これについて、安倍総理は、二〇一三年、内閣法制局長官に、小松一郎・前駐仏大使を起用しました。小松氏は、集団的自衛権の行使に前向きの考えを持っています。内閣法制局が、これまで集団的自衛権を使えないと言ってきたので、集団的自衛権を認めるべきだと考える長官をトップに据えて、内閣法制局の判断を変えてしまおうというわけです。これぞ解釈改憲です。

集団的自衛権をどう解釈するのか。憲法第九条と自衛隊の関係は、どうあるべきなのか。もし変えるのなら、変えるのは、どちらでしょうか。憲法第九条か、自衛隊か。それとも、変えないでいくという選択をするのでしょうか。

次の章で「憲法改正」について考えてみましょう。

第6章

今こそ考えたい、憲法改正は必要か？

▼自衛隊はイラクへ行ったけど

二〇〇四年一月から二〇〇九年二月まで、自衛隊がイラクのサマーワという町で、「イラク支援」の活動を実施しました。イラク戦争で荒廃したイラク再建の支援をするというものです。

日本の自衛隊は、当初、サマーワで治安維持活動に当たっていたオランダ軍の基地の近くに宿営地を設定しました。この地域は、オランダ軍が治安維持の責任を持っていました。もし自衛隊に対して武装勢力の攻撃があった場合、それを阻止し、反撃するのは、オランダ軍の任務でした。自衛隊は、オランダ軍に守ってもらう形になっていたのです。

もちろん、自衛隊員に対して何らかの攻撃があれば、個々の自衛隊員は、自らの安全を守るという「正当防衛」として相手に対して発砲することはできるのですが、自衛隊の側から攻撃することはできません。自衛隊は「軍隊」ではないので武力行使できないからです。

ここで、奇妙なことになります。

もし日本の自衛隊が攻撃されたら、オランダ軍が助けてくれます。しかし、オランダ軍が攻撃されても、自衛隊は助けに行けないのです。

もし、オランダ軍が攻撃を受けたら、どんなことが起きていたでしょうか。自衛隊を守っているオランダ軍が、自衛隊基地のすぐそばで武装勢力から攻撃を受けた。しかし、自衛隊は宿営地に留まっていて、オランダ軍を助けに行かない。

こんなことが起きたら、日本は世界の笑い者になるでしょう。いや、笑い者ではなく、国際的な信用は一気に失われるでしょう。「日本はそんなにも他人に冷たいのか」と言われることになるでしょう。自衛隊員は、「卑怯者《ひきょうもの》」と呼ばれるかも知れません。

イラクにいる自衛隊は、二重の危険にさらされていたのです。武装勢力から攻撃される危険と、日本の国際的信用を失墜させる危険です。

自衛隊を「軍隊ではない」と言い続ける一方で、国際貢献はしなければと考えた挙句が、こんな状態になってしまったのです。

その後、二〇〇五年三月にオランダ軍は撤退し、サマーワの治安維持の任務はイギリス軍に引き継がれ、その後オーストラリア軍も加わりました。自衛隊は、二〇〇九年二月に撤退するまで今度はイギリス軍とオーストラリア軍に守られました。攻撃されることなく、無事に任務を終えましたが、もし、自衛隊を守っているイギリス軍やオーストラリア軍が攻撃されていたら……。

考えるだけで、ぞっとします。

ここから考えられることは二つです。

ひとつは、もし自衛隊をイラクに送るのだったら、周辺の同盟軍と協力できるような法制度を整備しなければいけないということです。どうせイラクに送るなら、自衛隊が自由に活動できるようにすべきでしょう。その場合、**日本の近くにいる他国の部隊と協力して戦えるように「集団的自衛権」を認めたり、海外で自衛隊が武力行使できるように憲法改正をしたりすべきだ、ということになります。**

もうひとつの考え方は、自衛隊がそんな状態になってしまう危険があるのだったら、そもそもイラクに自衛隊を送らなければよかったのだ、ということです。自衛隊をイラクに送らなければ、自衛隊員が傷つく心配もないし、武装勢力との銃撃戦で相手を殺してしまうこともないし、日本の信用を失墜させることもないでしょう。

この二つのどちらでもなく、中途半端な形で自衛隊をイラクに送ったため、自衛隊員自身が困ることになったのです。

▼自民党の「憲法改正草案」を読んでみよう

こうしたジレンマが存在することから、**自民党は自衛隊を海外で軍事行動ができる軍隊にしようと、憲法改正案をまとめます。**二〇〇四年一一月に、そのための「憲法改正大綱」をまとめ、さらに二〇一二年には「憲法改正草案」を発表しました。

これは現行憲法の全面的な改正案で、とりわけ憲法第九条を大きく変えようとしています。その内容を見るため、まずは現行の第九条を掲げ、その後に自民党案を掲載しましょう。

【日本国憲法】

第九条　日本国民は、正義と秩序を基調とする国際平和を誠実に希求し、国権の発動たる戦争と、武力による威《い》嚇《かく》又は武力の行使は、国際紛争を解決する手段としては、永久にこれを放棄する。

② 前項の目的を達するため、陸海空軍その他の戦力は、これを保持しない。国の交戦権は、これを認めない。

【自民党の憲法改正草案】

第九条　日本国民は、正義と秩序を基調とする国際平和を誠実に希求し、国権の発動としての戦争を放棄し、武力による威嚇及び武力の行使は、国際紛争を解決する手段としては用いない。
2 前項の規定は、自衛権の発動を妨げるものではない。

国防軍

第九条の二 我が国の平和と独立並びに国及び国民の安全を確保するため、内閣総理大臣を最高指揮官とする国防軍を保持する。
2 国防軍は、前項の規定による任務を遂行する際は、法律の定めるところにより、国会の承認その他の統制に服する。
3 国防軍は、第一項に規定する任務を遂行するための活動のほか、法律の定めるところにより、国際社会の平和と安全を確保するために国際的に協調して行われる活動及び公の秩序を維持し、又は国民の生命若《も》しくは自由を守るための活動を行うことができる。
4 前二項に定めるもののほか、国防軍の組織、統制及び機密の保持に関する事項は、法律で定める。
5 国防軍に属する軍人その他の公務員がその職務の実施に伴う罪又は国防軍の機密に関する罪を犯した場合の裁判を行うため、法律の定めるところにより、国防軍に審判所を置く。この場合においては、被告人が裁判所へ上訴する権利は、保障されなければならない。

これを見ると、第九条の最初の部分は、文語体を口語体に直すなどの若干の変更に留まっていますが、②以降は大きく変わっています。

現行憲法の規定ですと、自衛隊が憲法違反の存在にも読めるため、「自衛権の発動を妨げるものではない」と明記して、自衛隊ないし軍隊を設置することが可能なように条文を変えています。

この文章であれば、「集団的自衛権」も行使できることになります。

さらに第九条の二で、「国防軍を保持する」と書いています。自衛隊という名称では、軍隊かどうかはっきりしないから、**軍であることを明記しよう**ということです。

この条文だと、国防軍は、専守防衛に留まらず、「国民の安全を確保するため」であれば、海外にいる日本人を守るために派兵できるということになります。

これについては、「自国民を守るのは当然のこと」という意見もあれば、「海外に派兵すれば、その場所で戦闘や戦争することにもなる」と心配する人もいます。

また、「国際社会の平和と安全を確保するために国際的に協調して行われる活動」ができるようになるということは、たとえば米軍がアフガニスタンやイラクに派兵する際、日本の国防軍も一緒に出動することが可能になります。

米軍と共にアフガニスタンやイラクに派遣されたイギリスやカナダなど各国兵士に犠牲者が続出していますが、日本の国防軍も、その可能性が出て来るのです。戦後初めて、日本人が戦闘で血を流すこともあるということです。逆に他国の人を殺害する可能性もあるのです。これには、反対の声もあるでしょうし、「国際社会の一員として払わなければならない犠牲」という見方もあるでしょう。

この条文で注目すべきは、「公の秩序を維持し」という部分です。国内で反原発や反政府などの大規模なデモが発生し、政府が「公の秩序」が守られていないと判断すれば、国防軍が出動できるようになるからです。

さらに「国防軍に審判所を置く」という文章があります。国防軍関係の裁判を担当する裁判所を特別に設置するのです。戦前の日本軍にあった「軍法会議」のことです。

いまの自衛隊は軍隊ではないということになっていますから、自衛隊員が職務上での過失など罪を犯した場合、一般の裁判所で裁かれますが、国防軍になると「国防軍審判所」で特

第九条が自民党草案のように変わると・・・

別に裁かれることになります。
「国防軍審判所」は、「軍人」ばかりで構成されますから、一般的な裁判の考え方が通用せず、国防軍を維持する観点での判断が下るようになるのではないかとの声もあります。

▼立憲主義を理解していない?

自民党の憲法改正草案は、第九条以外でも論議を呼んでいます。
たとえば草案の第一〇二条です。

【自民党憲法改正草案】
第一〇二条　全て国民は、この憲法を尊重しなければならない。
2　国会議員、国務大臣、裁判官その他の公務員は、この憲法を擁護する義務を負う。

この部分は、現行憲法では第九九条です。

【日本国憲法】

第九九条　天皇又は摂政《せっしょう》及び国務大臣、国会議員、裁判官その他の公務員は、この憲法を尊重し擁護する義務を負う。

自民党の草案では、国民に憲法を尊重するように義務を課しています。**憲法は、国民が権力者に対して守るように命令するものであるというのが、立憲主義の精神ですから、国民に憲法を守らせるのは本末転倒なのです。**多くの憲法学者から、「立憲主義を理解していない」との批判が出ています。

また、自民党の草案では、憲法を擁護する義務のある人から「天皇又は摂政」が除外されています。自民党の憲法草案では、天皇は国家元首として位置づけられていますから、国家元首は憲法を擁護しないでいい、ということなのか、どうか。この部分は意味不明です。

自民党の草案で、他にも話題になったのは、第二四条です。

【自民党憲法改正草案】

第二四条　家族は、社会の自然かつ基礎的な単位として、尊重される。家族は、互いに助け合わなければならない。

家族は互いに助け合う。美しいことですし、当然のことのようにも思えますが、これは人間の道徳の世界の話です。憲法が、ここまで国民の道徳に踏み込むのは、やはり立憲主義の精神からしておかしいのです。

これでは夫婦が離婚したら「憲法違反」ということになりかねません。

▼国際貢献したい自民党

いろいろな論議を呼ぶ自民党の改正草案ですが、これは、いまの憲法を全面的に改正して、このようなものにしたい、というわけではありません。もし憲法改正ということになれば、ひとつひとつの条文に関して、改正の発議や国民投票の賛否を問うことになるからです。丸ごと改正ではなく、たとえば第九六条や第九条について、それぞれ改正するかどうかを問うことになります。

ただ、こうして自民党の改正草案を読むと、**日本は、国際社会の一員として、もっと具体的に言えばアメリカの同盟国として、国際貢献できるようになりたい、そのためには海外で活動できる軍隊を持ちたい、という自民党の執念**を感じさせます。

▼日本の「国際貢献」への取り組みは湾岸危機から始まった

日本国内で「国際貢献が必要だ」という声が高まるようになったきっかけは、「湾岸危機」でした。

一九九〇年八月、イラクのフセイン大統領は、隣国クウェートを侵略し、占領してしまいます。これが「湾岸危機」です。これに対して、アメリカを中心とする世界の国々が多国籍軍を結成して、翌年一月、クウェートからの撤退を求めてイラクを攻撃します。これが「湾岸戦争」です。

日本は、海外での武力行使ができないので、多国籍軍には参加せず、その代わり、多国籍軍に対して、計一三〇億ドルを支援しました。ところが、湾岸戦争終了後、クウェートは支援してくれた国々の名前を挙げて感謝する新聞広告を出したのですが、この中に日本の名前がなかったのです。

アメリカからは、「多国籍軍の若者たちが汗と血を流しているときに、中東の石油で利益を受けている日本は金を出すだけなのか」という批判を浴びました。

それ以来、日本政府は、「国際貢献のために何ができるか」を考え始め、自衛隊の海外派

遣が始まったのです。

と同時に、自衛隊がもっと自由に活動できるように、憲法そのものを変えることが必要だと考える政治家も増え始めました。

国民の間でも、「国際貢献のために何ができるのか」という議論が盛んに交わされるようになりました。「自衛隊を海外に出すだけが国際貢献ではない。武器を持たない人たちが援助に行き、現地の人々との信頼関係を築きながら医療援助をしたり、自立のための技術を教えたりすることが必要だ」と主張する個人や団体も多くあります。

▼北朝鮮の行動が日本人を不安にした

こうして「国際貢献」のための自衛隊のあり方が焦点になりつつある頃に、日本を揺るがす事件が相次ぎました。北朝鮮の一連の行動です。

一九九八年八月、北朝鮮が実験のために発射したミサイルが、日本の上空を飛び越えて、岩手県三陸沖の海に落ちました。北朝鮮は、「いつでも日本をミサイルで攻撃できるぞ」ということを示したのです。日本は大騒ぎになりました。対策として「日本に飛んでくるミサイルをミサイルで撃ち落とすシステム」の研究が始まりました。

ミサイル発射に次いで起きたのが「不審船事件」でした。二〇〇一年一二月、九州南西海域の東シナ海で、中国漁船を装った不審な船が発見されました。海上保安庁の巡視船が停船させようとしましたが、船は逃走。海上保安庁の巡視船と海上自衛隊の護衛艦が出動して不審船を追跡しました。不審船は、巡視船に向かってロケット砲を発射したり、銃撃したりして抵抗。結局、不審船は自爆して沈みました。その後、この船は北朝鮮のスパイ工作船であることがわかりました。

そして、北朝鮮による日本人拉致《らち》事件です。一九六〇年代から七〇年代にかけて、日本各地で突然消息を絶つ日本人が相次ぎました。最初のうちは理由がわかりませんでしたが、やがて、北朝鮮が拉致をしたのではないかという疑惑が浮上しました。北朝鮮はこれを否定していたのですが、二〇〇二年九月、小泉純一郎総理大臣（当時）が日本の総理としては北朝鮮を初めて訪問し、金正日総書記と会談したところ、金総書記は、日本人を拉致していたことを認めました。北朝鮮スパイを養成するための日本語の先生として拉致されていたのです。その後、拉致された日本人のうち五人が帰国しましたが、問題は解決していません。

こうした一連の事件によって、日本国内では、「ミサイルが飛んできても何もできない日本」「スパイ船が来ても捕まえられない日本」「日本人を外国の手から守ることができない日本」という現状に対する厳しい批判が相次ぎました。

こうした事件以降、「日本のいまの憲法は変える必要がある」と考える日本人が急増し、憲法をめぐる世論に大きな変化が起きるようになったのです。

その後も、北朝鮮がミサイル発射実験をするたびに、日本国内は大騒ぎになります。北朝鮮は、二〇一一年一二月、それまでの最高指導者だった金正日《キムジョンイル》総書記が死去し、息子の金正恩《キムジョンウン》が最高指導者の座を世襲しています。代が変わっても、軍事優先の強硬路線は変化していません。

▼尖閣諸島めぐり中国との関係も緊張

日本国内で憲法改正の動きが大きくなった出来事としては、中国との間の尖閣《せんかく》諸島問題もあります。

沖縄県石垣島に属する尖閣諸島は、一八九五年以来、日本の領土ですが、一九六八年、国連のアジア極東経済委員会の調査で、周辺の海域に石油が埋蔵されている可能性が報告されると、台湾と中国が相次いで自国の領土だと主張を始めます。二〇一二年になって石原慎太郎都知事（当時）が、尖閣諸島を、所有する民間人から買い上げると発表。これに驚いた野田佳彦《よしひこ》内閣（当時）は、「東京都ではなく国が買い上げる」として、国有化を宣言しました。

これに中国が激しく反発。中国国内では、激しい反日暴動が起き、日系企業が襲撃される事件が相次ぎました。

また、これ以来、中国の艦船が連日のように尖閣諸島周辺海域に出没し、領海侵犯を繰り返すようになりました。

これに対して、日本は海上保安庁の巡視船が出動して退去させていますが、「領土も守れないようでは不安だ」という空気が日本国内に広がっています。

▼国会に憲法調査会が設置され、議論した

日本の世論の大きな変化を示すのが、「憲法調査会」の設置でした。**二〇〇〇年一月、国会の衆議院と参議院に、それぞれ憲法調査会が設置されました。**国会として憲法のあり方を考え直そうというのが目的でした。国会に、憲法に関して議論する調査会ができたのは初めてのことです。画期的なことでした。

かつて、国会ではなくて内閣に、「憲法調査会」が設置されたことがあります。一九五七年から七年間にわたって憲法に関する議論をしましたが、このときは、調査会を設置するこ

と自体に対して反対運動が盛り上がりました。「憲法調査会は、いまの憲法を改正するための第一歩になる」と考えた護憲派の人たちが強く反対したのです。結局、憲法を変えることに反対の学者や国会議員の参加が得られず、調査会は尻つぼみに終わってしまいました。

それに対して今回は、設置することに大した反対は起きず、憲法を変えることには反対の社会民主党、共産党の国会議員も調査会に参加しました。

調査会は、二〇〇二年二月から二〇〇五年四月まで、憲法について幅広い観点から議論を積み重ねてきました。

この調査会自体は、憲法改正案を作る組織ではありません。憲法について、国会として、あらためてじっくりと考えてみようというものでした。国会議員の中には、改憲派、護憲派、どちらもいて、さまざまな意見が交わされました。意見の内容は、二〇〇五年四月に最終報告書が発表されています。

ここではまず、衆議院の報告書を元に、いまの憲法について、どんな議論が交わされているのかを見ておきましょう。

まず「憲法前文」に関しては、日本の歴史や伝統、文化を大切にすべきだという記述を盛り込むべきだという意見が多く出されました。自民党の議員を中心に、いまの憲法の前文の文章に不満を持っている人たちが多くいるのです。

文体についても、翻訳調なので、わかりやすい日本語にすべきだという意見もありました。それに対して、特定の価値観を掲げることは慎むべきであるという慎重論や、国民の間に定着しているから変える必要はないという声もありました。

また、天皇については、元首であることを憲法に明記すべきではないか、という意見もありましたが、このままでいいという意見が大勢を占めました。

憲法第九条に関しては、第九条があることによって、日本は軍事大国に進まないですんできたことなど、役割を高く評価する声が多く出ました。

全体としては、第九条の第一項の戦争放棄の条文は維持しながら、第二項の戦力放棄の部分は書き換えて、自衛隊の存在を認めるようにしたらいいのではないか、という意見が多く出ました。戦争放棄は変わらないけれど、自衛権を持っていることをはっきりさせ、自衛隊の存在を憲法としてもはっきり認めよう、ということです。

そのほかの条文では、

・環境権など「新しい人権」を明記すべきではないか。

・法律が憲法に違反していないかどうか判断する憲法裁判所を新たに作ってはどうか。
・「公の支配に属しない」教育に公金を支出することを禁止した第八九条を改正して、私学助成ができることを明記すべきだ。
・地方自治の規定を充実すべきだ。
・憲法改正の発議には衆議院、参議院それぞれで三分の二の議員の賛成が必要だが、これを過半数の賛成でできるようにしたらどうか。

などといった意見が出されました。いまの憲法をめぐって、どんな論点があるのか、その主なものは、これでわかると思います。しかし、二〇〇九年に政権交代が起こり、民主党政権になってからは、憲法調査会は休眠状態になりました。自民党政権は憲法改正に熱心ですが、民主党内部には、護憲、改憲さまざまな意見の議員がいて、党としての行動は起こさなかったからです。

二〇一二年に、再び自民党が政権の座につきました。国会で憲法がどのように議論されるのか、改めて注目が集まります。

▼参議院は必要なのか？　という論点

この調査会とは別に、憲法の規定が議論になったことがありました。参議院の位置づけについてです。

二〇〇五年の通常国会で当時の小泉内閣が提出した「郵政民営化法案」を、衆議院は可決しましたが、参議院は二〇〇五年八月、否決しました。否決されると、小泉総理は、「郵政民営化が是か否か、国民の意見を聞く」と言って、衆議院を解散しました。参議院で否決されたけれど、参議院には解散がないので、衆議院を解散して民意を問う、という形をとったのです。

結果は、衆議院で郵政民営化賛成の議員が大量に当選しました。それを見て参議院で郵政民営化に反対した議員たちが次々に賛成に態度を変えました。

考えてみると、不思議なことです。参議院は「良識の府」と呼ばれるように、衆議院の判断を独自にチェックして、「ノー」と言えることになっています。郵政民営化で、参議院としては、衆議院の判断に異を唱えたことになります。判断がよかったかどうかは別にして、それはそれで参議院の務めを果たしたと言えるでしょう。

しかし、衆議院に郵政民営化賛成派が大量当選したことで、参議院の判断は民意と離れていたことがわかりました。

郵政民営化法案を可決した衆議院のほうが民意を反映していたのです。そうなると、参議院の存在価値はないのではないか、ということにもなりかねません。

また、二〇一二年一二月に行われた衆議院議員総選挙で、与党の自民党と公明党の当選者数を足すと、全体の三分の二を超えるまでになりました。

もし衆議院が可決した法案を参議院が否決した場合、衆議院が三分の二以上の賛成で再び可決すれば、その法案は成立します。衆議院で与党が三分の二以上を占めていれば、参議院がどんな判断をしようと、衆議院の決定が優先することになります。こうなると、参議院はあってもなくても同じ、ということにもなりかねません。

「民意を反映した衆議院と違う判断をするなら有害だし、衆議院と同じ判断を下すのだったら無意味である」

こんな批判に、参議院はどう答えるのでしょうか。

前に説明したように、もともとアメリカの連合軍総司令部が作成した憲法草案では、「一院制」になっていました。それを「二院制」に直したのは日本側でした。その意味があったかどうか。それが問われているのです。

▼憲法を変える手続きがようやく決まった

憲法を変えるにしろ変えないにしろ、とりあえず憲法改正手続きだけでも明確にしておいたらどうか、という意見があり、二〇〇七年五月、そのための法律が成立しました。

あれっ、憲法改正手続きは、憲法第九六条に書いてあるんじゃなかったっけ、と思った人もいることでしょう。

確かにそうなのですが、実はこの条文に基づいた手続きが定まっていなかったのです。まずは、条文を見てみましょう。

【日本国憲法】

第九六条　この憲法の改正は、各議院の総議員の三分の二以上の賛成で、国会が、これを発議し、国民に提案してその承認を経なければならない。この承認には、特別の国民投票又は国会の定める選挙の際行われる投票において、その過半数の賛成を必要とする。

「各議院」とは、衆議院と参議院のそれぞれで、ということです。

「総議員」つまり、いまの国会議員の定数である衆議院は四八〇人、参議院は二四二人のことです。憲法改正案を決めるときは、そのときの出席者の人数ではなく、それぞれの総議員を基準に、その三分の二以上の賛成が必要なのです。

「発議」とは、「憲法をこのように改正したい」と提案することです。

国会が提案したものについては、そのための特別の国民投票を実施するか、衆議院や参議院の選挙のときに一緒に投票するか、どちらかで国民の意見を聞く、ということです。

「特別の国民投票」ということになれば、その手続きが定まっていなければなりません。ところが、その手続きを定める法律が、長い間存在しなかったのです。こうした国民投票に関する法律ができると、憲法改正への動きが加速するのではないかと恐れた改憲反対派が、法律の成立それ自体に反対していたからです。

しかし**二〇〇七年五月、ついに国会で、手続きに関する法律が成立しました。**正式には「日本国憲法の改正手続に関する法律」といいます。一般には「国民投票法」と呼ばれます。このときの首相は安倍《あべ》晋三《しんぞう》氏。第一次安倍内閣でした。憲法改正に情熱を燃やす安倍首相が、改正手続きを整備したのです。

それによりますと、国民投票は、国会が憲法改正を発議した日から起算して六〇日以後一八〇日以内の期間中で、国会が決めた日に実施されます。

投票できる人は、満一八歳以上と定められました。これは画期的なことでした。これまで選挙の投票権がある人は満二〇歳以上だったからです。ただし、この規定は、公職選挙法が改正され、国政選挙での有権者の年齢が一八歳以上と定められるまでは、満二〇歳以上にしておくことになっています。

つまり、国民投票法の成立をきっかけに、国政選挙でも有権者の年齢を引き下げようということなのです。公職選挙法の改正はまだ行われていませんので、当分の間は、投票できる人は満二〇歳以上ということになります。

憲法改正案に対する投票の投票用紙には、改正案に「賛成」「反対」の文字があらかじめ印刷されていて、投票する人がどちらか一方を丸で囲むことになっています。

では、第九六条に示されている「その過半数の賛成」とは、どういう状態なのでしょうか。その点に関しては、「投票総数の過半数」と定められました。

この法律は、二〇〇七年五月一八日に公布され、二〇一〇年五月一八日から施行されました。

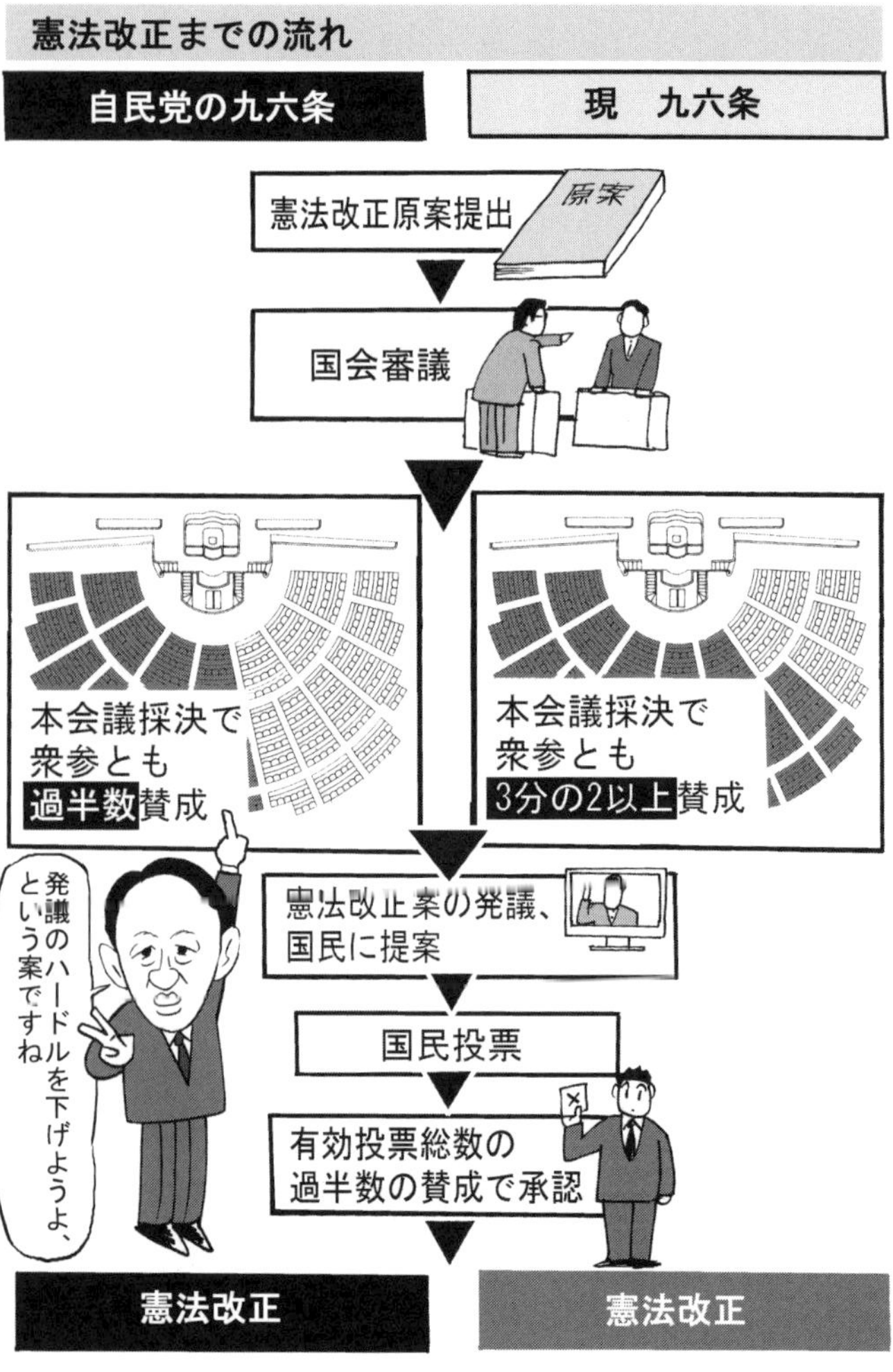

憲法改正までの流れ
自民党の九六条
現　九六条
憲法改正原案提出
原案
国会審議
本会議採決で
衆参とも
過半数賛成
本会議採決で
衆参とも
3分の2以上賛成
憲法改正案の発議、
国民に提案
国民投票
有効投票総数の
過半数の賛成で承認
発議のハードルを下げようよ、
という案ですね
憲法改正
憲法改正

▼第九六条先行改正で、ハードルを下げる？

二〇一二年一二月の衆議院総選挙で勝利して第二次安倍内閣が発足すると、安倍首相は、まず憲法第九六条の改正から着手しようとしています。最終目標は憲法第九条の改正ですが、これには反対の意見の議員も多くてハードルが高いため、まずは改正手続きが容易にできるものにしようというわけです。

しかし、これにも賛否両論あり、議論が続いています。

▼憲法には変えられる部分と変えられない部分がある

日本の憲法は、改正する場合、衆議院、参議院のそれぞれの三分の二の議員の発議と国民投票での過半数の賛成が必要です。国会議員の過半数の賛成で決まる法律改正より、はるかにむずかしい条件がついています。

このように**改正が簡単ではない憲法のことを「硬性《こうせい》憲法」といいます。**国のかたちを決める大事なものだから、簡単には変えられないようにしていこうというわけです。

一方、憲法でも法律と同じレベルで容易に変えられるものもあり、こちらは「軟性憲法」といいます。ヨーロッパ各国では憲法をしばしば改正している国が多いのですが、その多くは、ＥＵ（ヨーロッパ連合）に加盟するため、あるいはＥＵ基準を導入するためのものが多く、憲法改正の数だけでは、「憲法をしばしば改正している」とは言い切れないのです。

憲法は、どのように改正してもいいのか。国民の代表である国会議員と国民が決めることなのだから、何を変えてもいいはずだ、という考え方もありますが、憲法学者の間では、憲法には変えられないものもあるというのが定説です。

たとえば、日本国憲法の前文では、主権が国民にあり、国民の代表者が政治を行うというのは、「人類普遍の原理」であると宣言し、「これに反する一切の憲法、法令及び詔勅を排除する」と書いてあります。

憲法は、国民主権の考え方にもとづいてできているのだから、その基本原理は変えられないよ、というわけです。

同じように、基本的人権の尊重と平和主義も、変えることはできないというのが定説です。

ただ、この場合の「平和主義」は、「侵略戦争をしない」という意味の平和主義であって、「自衛のための戦力を持つ」と宣言しても、それは平和主義に反するということにはなりません。それは、軍隊を持ったからといって、それですぐに戦争になるわけではないからだ、というのが定説です（芦部信喜『憲法　第五版』）。

▼憲法を変えるのか、自衛隊を変えるのか

イラクに派遣された自衛隊が置かれた立場を見ると、憲法と自衛隊の関係がはっきりしないことが重大な危険を招いていることがわかります。

それればかりではありません。「自衛隊は軍隊ではない」という建前をとってきたことによって、「実質は軍隊なのに軍隊とは呼ばない」という不思議な組織が強大なものに育ちました。軍事費（日本は軍事費と言わずに防衛費と言うが）も、アメリカ、ロシアなどに次いで世界五位という「軍隊ではない組織」が存在しているのです。

日本に軍隊は存在していないという建前が続いてきた結果、もし日本を外国の軍隊が攻撃した場合、日本の自衛隊に何ができるかも法律で決まっていないという状態が長く続いてきました。

たとえば、外国の軍隊が攻め込んできても、自衛隊の戦車は、道路交通法を守る必要がありました。赤信号なら交差点で止まらなければなりませんでした。「敵」が公園を横切って攻撃して来ても、自衛隊は公園法を守り、公園に戦車を入れることはできない……。

こんな状態が放置されてきました。北朝鮮の一連の行動の結果、「もし北朝鮮の軍隊が攻

めてきたら大変だ」という不安が高まる中で、「敵」が攻撃してきたら自衛隊に何ができるかということを定めた「武力攻撃事態対処法」（いわゆる有事法）が、二〇〇三年六月に成立しました。いまの北朝鮮に、日本を攻撃する能力などないというのが軍事専門家の常識であるにもかかわらず。

ふだん憲法と自衛隊の関係を深く議論しないで放置しておいて、何か起きると大騒ぎをし、議論を深めないまま有事立法をしてしまうという、この現状こそが、危険なことだと私は思うのです。

有事ではないときにこそ、憲法と自衛隊の関係をはっきりさせる必要があると、私は思います。

憲法を変えて軍隊を持てることを明記し、自衛隊を違憲の存在でなくすのか。それとも、自衛隊を軍隊ではなく「災害救助隊」のようなものにすることで、憲法違反の存在でなくすのか。

憲法第九条を変えて日本が軍隊を持つようになったら、周辺諸国が「日本は戦争をしようとでもいうのか」と警戒し、東アジアの緊張を高めるという考え方があります。

その一方で、日本の憲法は「戦力を持たない」と定めているのに、日本には自衛隊という立派な「軍隊」がある。日本人には建前と本音の違いがあるから信用できないと、かえって警戒される可能性もあります。

果たして、どちらでしょう。

また、憲法第九条があることで、自衛隊はこの程度の組織でとどまったのではないか。際限のない軍備拡大の歯止めになってきたのではないか、という意見もあります。

事実、戦後の自民党内閣は、憲法第九条が「戦力」の保持を禁じているために、自衛隊の戦闘能力を強化することには慎重でした。海外での武力行使もできないので、日本の自衛隊は、戦後ひとりの外国人も殺さないですんできました。

憲法第九条が歯止めになってきたから、このまま憲法第九条を持ち続けていればいいのだ、という考え方もあるでしょう。

この場合は、憲法第九条を守りつつ、自衛隊も維持するということになります。現状維持の考え方です。これが「大人の知恵」だよ、と考えている人も多いのかも知れません。

▼「憲法改革」という方法もある

実は、憲法を改正するかしないか、という二つの路線の対立以外に、第三の道もあるのではないか、という新しい視点を提言している人がいます。

日本経済新聞の芹川《せりかわ》洋一編集委員です。芹川さんは、『憲法改革』という本で、この点を論じています。

憲法を改正するという「明文改憲」以外に、憲法は改正しないで、基本法などを制定して法制度を整備したらどうか、というのです。いまの憲法の条文はそのままにしつつ、事実上の「改良」をしながら憲法を改革していこう、と提言しています。

たとえば憲法第九条については、憲法の条文は変えないでおいて、「安全保障基本法」のような法律を制定して、集団的自衛権を認めてしまったらどうか、というわけです。

憲法より下の地位にある法律を新たに作ることで、憲法を変えたのと同じような効果を出そうという考え方です。これは、「立法改憲」とでも言うべき方法です。

でも、これは、憲法と自衛隊の関係を曖昧にしたまま、憲法ではない法律を作ることで、憲法改正と同じ効果を発揮させるわけですから、憲法を守ることにならないではないか、という批判も出そうです。

▼あなたは、どう考える？　日本の未来を決めること

さて、いよいよ最終結論です。これまで、日本国憲法について解説してきました。とりわけ憲法第九条を詳しく見てきました。憲法をめぐる論議の歴史を知ったことで、あなたは、どんな立場をとるのでしょうか。

憲法を改正する？
自衛隊を別の組織にする？
いまのままでいい？

憲法は守るべきもの（正確には、政府に守らせるべきもの）。大事にすべきものです。守れない憲法を持っていてはいけません。「どうせ守れっこないんだから」と言って済ますには、あまりに重大なことなのです。憲法は、必ず守らなければなりません。守らなければいけないものだからこそ、憲法なのです。憲法は国のかたちを決めるもの。それが守られないようでは、いったい、その国のかたちとは何か、ということになってしまいます。私たちの未来をデザインするものでもあるのですから。

憲法を守るためには、どうしたらいいのか。

いまの憲法をそのままにしておいて、憲法に違反している疑いのある組織（つまり自衛隊）を解体してしまう方法がひとつ。これは、いまの憲法を守る方法です。理想に向けて、現実を変えていくという努力をもっとしようということです。

でも逆に、政府が守れる憲法に変えてしまえばいい、という考え方も成り立ちます。その場合は、自衛隊を解体するのではなく、憲法のほうを現実に合わせて自衛隊の存在を明記するという方法です。

憲法第九条第一項の「戦争放棄」はそのままにして、「戦力を保持しない」という第二項だけを削除するという方法です。これにより、自衛隊の存在は憲法に違反しなくなります。守れる憲法に変えた上で、その憲法は何が何でも守り抜かなければいけない、ということです。今度こそしっかり守る。それが、私たちが憲法と向き合う責任なのではないか、ということです。

その一方、「憲法第九条改正」には、感情的に抵抗感を持つ人もいることでしょう。これまで日本には、戦争の悲惨さを身をもって体験してきた人たちが大勢いた。この人たちがいるからこそ、日本は再び戦争への道へ進まないで済んできた。しかし、そういう体験者はこれから次第に姿を消していく。後には、「戦争を知らない大人」たちが残される。戦争の悲惨さを知らないままで勇ましい発言をする政治家が増えてくることは、とても不安だ。憲法第九条第二項を削除すると、自衛隊は、世界各地でアメリカ軍と行動を共にすることになるのではないか。それはとても危険なことだ。

このように悩んでいる人、立場を決めかねている人は、意外に多いのではないかと私は感じています。

では、あなたは、どう思うのか？

遠くない将来、憲法改正が国会で発議され、あなたも国民投票で意思を示すことになるかも知れません。そのときには、どんな判断をするのでしょうか。

あなたなりに結論を出してみてください。

おわりに――憲法を読んでみよう

二〇一三年五月の憲法記念日を前に、マスコミ各社は憲法に関する世論調査を実施しました。それによると、毎日新聞では、「憲法を改正すべきだと思う」が六〇%で、「思わない」の三二%を大きく上回りました。

日経新聞（テレビ東京と共同実施）の調査でも、「改正すべきだ」（五六%）が、「現状のままでよい」（二八%）よりかなり高い数字でした。

朝日新聞では、「変える必要がある」（五四%）、「変える必要はない」（三七%）という結果でした。

さらに、憲法記念日より少し前の二〇一三年三月末に実施した調査では、憲法を「改正する方がよい」と答えた人は五一%となり、前年二月の調査結果の五四%に続いて半数を超えました。「改正しない方がよい」は三一%（前年三〇%）でした。

こうやってみると、憲法を変えた方がいいと考えている人が多数を占めるようになったことがうかがえます。調査データはいささか古いのですが、ＮＨＫ放送文化研究所が二〇〇五年一月に実施した世論調査の結果でも、「憲法を改正する必要がある」と答えた人の割合が六二％に達し、「改正する必要はない」の一七％を大きく上回りました。

ところが、この調査の中では、憲法第九条を改正すべきかどうかについても質問しています。その答えは、「改正する必要がある」「改正する必要がない」が、共に三九％でした。まったく同数だったのです。

この時点では、憲法第九条に関して、国民の意見が真っ二つに割れていたのです。国民全体の意思としては、迷っている、というべきでしょうか。

しかも、「改正する必要がある」と答えた人に、その理由を尋ねたところ、「国連を中心とする軍事活動にも貢献できるようにすべきだから」が三八％、「自衛力を持てることを憲法に明記すべきだから」が三六％でしたが、その一方で、「自衛隊を含めた軍事力を放棄することを明確にすべきだから」という人が一一％いました。

つまり、「憲法第九条を変えるべきだ」と答えた人の中には、「いまの第九条の平和主義の趣旨を徹底すべきだ」と考えている人もいるのです。

同じ調査の中で、「日本国憲法を読んだことがあるか」尋ねたところ、実に四三％もの人が、「読んだことがない」と答えています。そもそも憲法を読んだことがなくては、変えるべきか変えないでいいか、議論ができません。まずは、憲法を読んでみる。そこから始まるのではないでしょうか。

この本は、そのために憲法をいろいろな角度から解説してみました。憲法はむずかしくないのです。まずは、読んでみましょう。

故・宮澤《みやざわ》喜一元総理大臣は、いつも日本国憲法を持ち歩き、折にふれて読み直していたといいます。

まずは、あなたなりに、じっくり憲法を読み、その上で、憲法をどうしたらいいか、考えてみましょう。

「はじめに」で書いたように、憲法は、その国のかたちを決めています。憲法を考えることは、日本の国を考えることです。この本で、これまで多くの人たちが、憲法をめぐってさまざまな議論をしてきたことがわかったと思います。それを知った上で、さて、あなたは、どう考えるのでしょうか。

二〇一三年九月

ジャーナリスト・東京工業大学教授　池上　彰

もっと知りたい人のために

この本を読んで、もっと憲法のことを勉強してみようという気になったあなたに、参考になる本をいくつか紹介しましょう。

日本国憲法そのものは、講談社学術文庫から出ているものが手軽でしょう。大日本帝国憲法（明治憲法）も出ていますし、日本国憲法の英訳も載っています。

『新装版　日本国憲法』講談社学術文庫　二〇一三年

そもそも憲法とはどんなものなのかを比較的簡単に知るには、次のものがあります。

伊藤真『高校生からわかる　日本国憲法の論点』トランスビュー　二〇〇五年
杉原泰雄『憲法読本　第3版』岩波ジュニア新書　二〇〇四年
後藤光男『図解雑学　憲法』ナツメ社　二〇〇四年

また、大学生の基本の教科書レベルでは、

芦部信喜著／高橋和之補訂『憲法　第五版』岩波書店　二〇一一年

が定番です。

戦後、日本の文部省が、憲法をどう考えていたかがよくわかるのが、文部省が作った教科書です。現在は、

「あたらしい憲法のはなし・民主主義」企画・編集委員会編『あたらしい憲法のはなし・民主主義』展望社　二〇〇四年＊

森英樹・倉持孝司編『新　あたらしい憲法のはなし』日本評論社　一九九七年＊

文部省「あたらしい憲法のはなし」青空文庫　http://www.aozora.gr.jp/cards/001128/files/43037_15804.html

で読むことができます。

日本国憲法がどのようにして生まれたのかを知るには、次の本がお勧めです。

鈴木昭典『日本国憲法を生んだ密室の九日間』創元社　一九九五年

西修『日本国憲法はこうして生まれた』中公文庫　二〇〇〇年＊

竹前栄治・岡部史信『憲法制定史』小学館文庫　二〇〇〇年＊

憲法第九条をめぐる歴史を知るには、

フランク・コワルスキー著、勝山金次郎訳『日本再軍備』中公文庫　一九九九年＊

古関彰一『九条と安全保障』小学館文庫　二〇〇〇年＊

竹前栄治『護憲・改憲史論』小学館文庫　二〇〇一年＊

前田哲男・飯島滋明編著『国会審議から防衛論を読み解く』三省堂　二〇〇三年＊

がいいでしょう。

憲法改正論者の主張としては、

櫻井よしこ『憲法とはなにか』小学館　二〇〇〇年

中曽根康弘・宮澤喜一『憲法大論争　改憲vs護憲』朝日文庫　二〇〇〇年＊

が、よくまとまっています。

集団的自衛権について論じた本としては、

佐瀬昌盛『集団的自衛権——論争のために』ＰＨＰ新書　二〇〇一年

があります。

憲法改正ではなく「憲法改革」を第三の道として提唱するのは、

芹川洋一『憲法改革』日本経済新聞社　二〇〇〇年＊

です。

また、作家の池澤夏樹さんは、日本国憲法の英文を、若者向けに独自に訳すという試みをしています。とても面白い本だと思います。

池澤夏樹『憲法なんて知らないよ』集英社文庫　二〇〇五年

自民党の「日本国憲法改正草案」は、自民党のウェブサイトでダウンロードすることができます。https://www.jimin.jp/policy/policy_topics/pdf/seisaku-109.pdf

（＊を付した図書については、現在絶版となっており、書店では入手することができませんが、図書館などで読むことができるでしょう。）

主要参考文献

芦部信喜／高橋和之補訂『憲法　第五版』岩波書店　二〇一一年
「あたらしい憲法のはなし・民主主義」企画・編集委員会編『あたらしい憲法のはなし・民主主義』展望社　二〇〇四年
池澤夏樹『憲法なんて知らないよ』集英社文庫　二〇〇五年
石川真澄・山口二郎『戦後政治史　第三版』岩波新書　二〇一〇年
伊藤真『高校生からわかる　日本国憲法の論点』トランスビュー　二〇〇五年
NHK放送文化研究所『放送研究と調査　二〇〇五年三月号』日本放送出版協会　二〇〇五年
大塚英志『憲法力』角川書店　二〇〇五年
憲法再生フォーラム編『改憲は必要か』岩波新書　二〇〇四年
古関彰一『九条と安全保障』小学館文庫　二〇〇〇年
小室直樹『痛快・憲法学』集英社インターナショナル　二〇〇一年
小室直樹『日本国憲法の問題点』集英社インターナショナル　二〇〇二年

後藤光男『図解雑学　憲法』ナツメ社　二〇〇四年
佐柄木俊郎『改憲幻想論――壊れていない車は修理するな』朝日新聞社　二〇〇一年
櫻井よしこ『憲法とはなにか』小学館　二〇〇〇年
佐瀬昌盛『集団的自衛権――論争のために』PHP新書　二〇〇一年
参議院憲法調査会『日本国憲法に関する調査報告書』二〇〇五年
衆議院憲法調査会『衆議院憲法調査会報告書』二〇〇五年
杉原泰雄『憲法読本　第3版』岩波ジュニア新書　二〇〇四年
鈴木昭典『日本国憲法を生んだ密室の九日間』創元社　一九九五年
芹川洋一『憲法改革』日本経済新聞社　二〇〇一年
高見順『敗戦日記』中公文庫BIBLIO　二〇〇五年
瀧井一博『文明史のなかの明治憲法』講談社選書メチエ　二〇〇三年
竹前栄治・岡部史信・藤田尚則『護憲・改憲史論』小学館文庫　二〇〇一年
竹前栄治・岡部史信『憲法制定史』小学館文庫　二〇〇〇年
田中良紹編『憲法調査会証言集　国のゆくえ』現代書館　二〇〇四年
中曽根康弘・宮澤喜一『憲法大論争　改憲vs護憲』朝日文庫　二〇〇〇年

中曽根康弘・西部邁・松本健一『憲法改正大闘論――「国民憲法」はこうして創る』ビジネス社　二〇〇四年
西修『日本国憲法はこうして生まれた』中公文庫　二〇〇〇年
半田滋『闘えない軍隊――肥大化する自衛隊の苦悶』講談社＋α新書　二〇〇五年
樋口陽一・吉田善明編『解説　世界憲法集』三省堂　二〇〇一年
フランク・コワルスキー著、勝山金次郎訳『日本再軍備』中公文庫　一九九九年
前田哲男・飯島滋明編著『国会審議から防衛論を読み解く』三省堂　二〇〇三年
百地章『憲法の常識　常識の憲法』文春新書　二〇〇五年
森英樹・倉持孝司編『新　あたらしい憲法のはなし』日本評論社　一九九七年
読売新聞社編『憲法改正――読売試案２００４年』中央公論新社　二〇〇四年

このほか、東京新聞が連載した「逐条点検　日本国憲法」を参考にしました。これは、東京新聞政治部編『いま知りたい日本国憲法』（講談社　二〇〇五年）として刊行されています。

日本国憲法　全文

朕《ちん》は、日本国民の総意に基《もと》いて、新日本建設の礎《いしずえ》が、定まるに至つたことを、深くよろこび、枢密顧問《すうみつこもん》の諮詢《しじゆん》及《およ》び帝国《ていこく》憲法第七十三条による帝国議会の議決を経た帝国憲法の改正を裁可し、ここにこれを公布せしめる。

御名《ぎよめい》御璽《ぎよじ》

昭和二十一年十一月三日

日本国憲法

日本国民は、正当に選挙された国会における代表者を通じて行動し、われらとわれらの子孫のために、諸国民との協和による成果と、わが国全土にわたつて自由のもたらす恵沢《けいたく》を確保し、政府の行為《こうい》によつて再び戦争の惨禍《さんか》が起ることのないやうにすることを決意し、ここに主権が国民に存することを宣言し、この憲法を確定する。そもそも国政は、国民の厳粛《げんしゆく》な信託《しんたく》によるものであつて、その権威《けんい》は国民に由来し、その権力は国民の代表者がこれを行使し、その福利は国民がこれを享受《きようじゆ》する。これは人類普遍《ふへん》の原理であり、この憲法は、かかる原理に基くものである。われらは、これに反する一切《いつさい》の憲法、法令及び詔勅《しようちよく》を排除《はいじよ》する。

日本国民は、恒久《こうきゆう》の平和を念願し、人間相互《そうご》の関係を支配する崇高《すうこう》な理想を深く自覚するのであつて、平和を愛する諸国民の公正と信義に信頼《しんらい》して、われらの安全と生存を保持しようと決意した。われらは、平和を維持《いじ》し、専制と隷従《れいじゆう》、圧迫《あつぱく》と偏狭《へんきよう》を地上から永遠に除去しようと努めてゐる国際社会において、名誉《めいよ》ある地位を占《し》めたいと思ふ。われらは、全世界の国民が、ひとしく恐怖《きようふ》と欠乏《けつぼう》から免《まぬ》かれ、平和のうちに生存する権利を有することを確認《かくにん》する。

われらは、いづれの国家も、自国のことのみに専念して他国を無視してはならないのであつて、政治道徳の法則は、普遍的なものであり、この法則に従ふことは、自国の主権を維持し、他国と対等関係に立たうとする各国の責務であると信ずる。

日本国民は、国家の名誉にかけ、全力をあげてこの崇高な理想と目的を達成することを誓《ちか》ふ。

第一章　天皇

第一条　天皇は、日本国の象徴《しようちよう》であり日本国民統合の象徴であつて、この地位は、主権の存する日本国民の総意に基く。

第二条　皇位は、世襲《せしゆう》のものであつて、国会の議決した皇室典範《てんぱん》の定めるところにより、これを継承《けいしよう》する。

第三条　天皇の国事に関するすべての行為には、内閣の助言と承認を必要とし、内閣が、その責任を負ふ。

第四条　天皇は、この憲法の定める国事に関する行為のみを行ひ、国政に関する権能を有しない。

② 天皇は、法律の定めるところにより、その国事に関する行為を委任することができる。

第五条　皇室典範の定めるところにより摂政《せつしよう》を

置くときは、摂政は、天皇の名でその国事に関する行為を行ふ。この場合には、前条第一項《こう》の規定を準用する。

第六条　天皇は、国会の指名に基いて、内閣総理大臣を任命する。

②　天皇は、内閣の指名に基いて、最高裁判所の長たる裁判官を任命する。

第七条　天皇は、内閣の助言と承認により、国民のために、左の国事に関する行為を行ふ。

一　憲法改正、法律、政令及び条約を公布すること。
二　国会を召集《しょうしゅう》すること。
三　衆議院を解散すること。
四　国会議員の総選挙の施行《しこう》を公示すること。
五　国務大臣及び法律の定めるその他の官吏《かんり》の任免《にんめん》並びに全権委任状及び大使及び公使の信任状を認証すること。
六　大赦《たいしゃ》、特赦、減刑《げんけい》、刑の執行《しっこう》の免除及び復権を認証すること。
七　栄典を授与《じゅよ》すること。
八　批准書《ひじゅんしょ》及び法律の定めるその他の外交文書を認証すること。
九　外国の大使及び公使を接受すること。
十　儀式《ぎしき》を行ふこと。

第八条　皇室に財産を譲《ゆず》り渡《わた》し、又《また》は皇室が、財産を譲り受け、若《も》しくは賜与《しよ》することは、国会の議決に基かなければならない。

第二章　戦争の放棄《ほうき》

第九条　日本国民は、正義と秩序《ちつじょ》を基調とする国際平和を誠実に希求し、国権の発動たる戦争と、武力による威嚇《いかく》又は武力の行使は、国際紛争《ふんそう》を解決する手段としては、永久にこれを放棄する。

② 前項の目的を達するため、陸海空軍その他の戦力は、これを保持しない。国の交戦権は、これを認めない。

第三章　国民の権利及び義務

第一〇条　日本国民たる要件は、法律でこれを定める。

第一一条　国民は、すべての基本的人権の享有を妨《さまた》げられない。この憲法が国民に保障する基本的人権は、侵《おか》すことのできない永久の権利として、現在及び将来の国民に与《あた》へられる。

第一二条　この憲法が国民に保障する自由及び権利は、国民の不断の努力によつて、これを保持しなければならない。又、国民は、これを濫用《らんよう》してはならないのであつて、常に公共の福祉《ふくし》のためにこれを利用する責任を負ふ。

第一三条　すべて国民は、個人として尊重される。生命、自由及び幸福追求に対する国民の権利については、公共の福祉に反しない限り、立法その他の国政の上で、最大の尊重を必要とする。

第一四条　すべて国民は、法の下に平等であつて、人種、信条、性別、社会的身分又は門地《もんち》により、政治的、経済的又は社会的関係において、差別されない。

② 華族《かぞく》その他の貴族の制度は、これを認めない。

③ 栄誉、勲章《くんしょう》その他の栄典の授与は、いかなる特権も伴《ともな》はない。栄典の授与は、現にこれを有し、又は将来これを受ける者の一代に限り、その効力を有する。

第一五条　公務員を選定し、及びこれを罷免《ひめん》することは、国民固有の権利である。

② すべて公務員は、全体の奉仕者《ほうししゃ》であつて、

一部の奉仕者ではない。
③　公務員の選挙については、成年者による普通選挙を保障する。
④　すべて選挙における投票の秘密は、これを侵してはならない。選挙人は、その選択《せんたく》に関し公的にも私的にも責任を問はれない。
第一六条　何人も、損害の救済、公務員の罷免、法律、命令又は規則の制定、廃止《はいし》又は改正その他の事項に関し、平穏《へいおん》に請願《せいがん》する権利を有し、何人も、かかる請願をしたためにいかなる差別待遇《たいぐう》も受けない。
第一七条　何人も、公務員の不法行為により、損害を受けたときは、法律の定めるところにより、国又は公共団体に、その賠償《ばいしょう》を求めることができる。
第一八条　何人も、いかなる奴隷的拘束《どれいてきこうそく》も受けない。又、犯罪に因《よ》る処罰《しょばつ》の場合を除いては、その意に反する苦役《くえき》に服させられない。
第一九条　思想及び良心の自由は、これを侵してはならない。
第二〇条　信教の自由は、何人に対してもこれを保障する。いかなる宗教団体も、国から特権を受け、又は政治上の権力を行使してはならない。
②　何人も、宗教上の行為、祝典、儀式又は行事に参加することを強制されない。
③　国及びその機関は、宗教教育その他いかなる宗教的活動もしてはならない。
第二一条　集会、結社及び言論、出版その他一切の表現の自由は、これを保障する。
②　検閲《けんえつ》は、これをしてはならない。通信の秘密は、これを侵してはならない。
第二二条　何人も、公共の福祉に反しない限り、居住、移転及び職業選択の自由を有する。

② 何人も、外国に移住し、又は国籍《こくせき》を離脱《りだつ》する自由を侵されない。

第二三条 学問の自由は、これを保障する。

第二四条 婚姻《こんいん》は、両性の合意のみに基いて成立し、夫婦《ふうふ》が同等の権利を有することを基本として、相互の協力により、維持されなければならない。

② 配偶者《はいぐうしや》の選択、財産権、相続、住居の選定、離婚並びに婚姻及び家族に関するその他の事項に関しては、法律は、個人の尊厳と両性の本質的平等に立脚《りつきやく》して、制定されなければならない。

第二五条 すべて国民は、健康で文化的な最低限度の生活を営む権利を有する。

② 国は、すべての生活部面について、社会福祉、社会保障及び公衆衛生の向上及び増進に努めなければならない。

第二六条 すべて国民は、法律の定めるところにより、その能力に応じて、ひとしく教育を受ける権利を有する。

② すべて国民は、法律の定めるところにより、その保護する子女に普通教育を受けさせる義務を負ふ。義務教育は、これを無償とする。

第二七条 すべて国民は、勤労の権利を有し、義務を負ふ。

② 賃金、就業時間、休息その他の勤労条件に関する基準は、法律でこれを定める。

③ 児童は、これを酷使《こくし》してはならない。

第二八条 勤労者の団結する権利及び団体交渉《こうしよう》その他の団体行動をする権利は、これを保障する。

第二九条 財産権は、これを侵してはならない。

② 財産権の内容は、公共の福祉に適合するやうに、法律でこれを定める。

③　私有財産は、正当な補償の下に、これを公共のために用ひることができる。
第三〇条　国民は、法律の定めるところにより、納税の義務を負ふ。
第三一条　何人も、法律の定める手続によらなければ、その生命若しくは自由を奪《うば》はれ、又はその他の刑罰を科せられない。
第三二条　何人も、裁判所において裁判を受ける権利を奪はれない。
第三三条　何人も、現行犯として逮捕《たいほ》される場合を除いては、権限を有する司法官憲が発し、且《か》つ理由となつてゐる犯罪を明示する令状によらなければ、逮捕されない。
第三四条　何人も、理由を直ちに告げられ、且つ、直ちに弁護人に依頼《いらい》する権利を与へられなければ、抑留《よくりゆう》又は拘禁されない。又、何人も、正当な理由がなければ、拘禁されず、要求があれば、その理由は、直ちに本人及びその弁護人の出席する公開の法廷《ほうてい》で示されなければならない。
第三五条　何人も、その住居、書類及び所持品について、侵入《しんにゆう》、捜索《そうさく》及び押収《おうしゆう》を受けることのない権利は、第三十三条の場合を除いては、正当な理由に基いて発せられ、且つ捜索する場所及び押収する物を明示する令状がなければ、侵されない。
②　捜索又は押収は、権限を有する司法官憲が発する各別の令状により、これを行ふ。
第三六条　公務員による拷問《ごうもん》及び残虐《ざんぎやく》な刑罰は、絶対にこれを禁ずる。
第三七条　すべて刑事事件においては、被告人《ひこくにん》は、公平な裁判所の迅速《じんそく》な公開裁判を受ける権利を有する。
②　刑事被告人は、すべての証人に対して審問《しんもん》

する機会を充分《じゆうぶん》に与へられ、又、公費で自己のために強制的手続により証人を求める権利を有する。
③　刑事被告人は、いかなる場合にも、資格を有する弁護人を依頼することができる。被告人が自らこれを依頼することができないときは、国でこれを附《ふ》する。
第三八条　何人も、自己に不利益な供述を強要されない。
②　強制、拷問若しくは脅迫《きようはく》による自白又は不当に長く抑留若しくは拘禁された後の自白は、これを証拠《しようこ》とすることができない。
③　何人も、自己に不利益な唯一《ゆいいつ》の証拠が本人の自白である場合には、有罪とされ、又は刑罰を科せられない。
第三九条　何人も、実行の時に適法であつた行為又は既《すで》に無罪とされた行為については、刑事上の責任を問はれない。又、同一の犯罪について、重ねて刑事上の責任を問はれない。
第四〇条　何人も、抑留又は拘禁された後、無罪の裁判を受けたときは、法律の定めるところにより、国にその補償を求めることができる。

第四章　国会

第四一条　国会は、国権の最高機関であつて、国の唯一の立法機関である。
第四二条　国会は、衆議院及び参議院の両議院でこれを構成する。
第四三条　両議院は、全国民を代表する選挙された議員でこれを組織する。
②　両議院の議員の定数は、法律でこれを定める。
第四四条　両議院の議員及びその選挙人の資格

は、法律でこれを定める。但《ただ》し、人種、信条、性別、社会的身分、門地、教育、財産又は収入によつて差別してはならない。

第四五条　衆議院議員の任期は、四年とする。但し、衆議院解散の場合には、その期間満了前に終了する。

第四六条　参議院議員の任期は、六年とし、三年ごとに議員の半数を改選する。

第四七条　選挙区、投票の方法その他両議院の議員の選挙に関する事項は、法律でこれを定める。

第四八条　何人も、同時に両議院の議員たることはできない。

第四九条　両議院の議員は、法律の定めるところにより、国庫から相当額の歳費《さいひ》を受ける。

第五〇条　両議院の議員は、法律の定める場合を除いては、国会の会期中逮捕されず、会期前に逮捕された議員は、その議院の要求があれば、会期中これを釈放《しゃくほう》しなければならない。

第五一条　両議院の議員は、議院で行つた演説、討論又は表決について、院外で責任を問はれない。

第五二条　国会の常会は、毎年一回これを召集する。

第五三条　内閣は、国会の臨時会の召集を決定することができる。いづれかの議院の総議員の四分の一以上の要求があれば、内閣は、その召集を決定しなければならない。

第五四条　衆議院が解散されたときは、解散の日から四十日以内に、衆議院議員の総選挙を行ひ、その選挙の日から三十日以内に、国会を召集しなければならない。

②　衆議院が解散されたときは、参議院は、同時に閉会となる。但し、内閣は、国に緊急《きんきゅう》の

必要があるときは、参議院の緊急集会を求めることができる。
③ 前項但書の緊急集会において採られた措置《そち》は、臨時のものであつて、次の国会開会の後十日以内に、衆議院の同意がない場合には、その効力を失ふ。
第五五条 両議院は、各〻《おのおの》その議員の資格に関する争訟《そうしょう》を裁判する。但し、議員の議席を失はせるには、出席議員の三分の二以上の多数による議決を必要とする。
第五六条 両議院は、各〻その総議員の三分の一以上の出席がなければ、議事を開き議決することができない。
② 両議院の議事は、この憲法に特別の定のある場合を除いては、出席議員の過半数でこれを決し、可否同数のときは、議長の決するところによる。
第五七条 両議院の会議は、公開とする。但し、出席議員の三分の二以上の多数で議決したときは、秘密会を開くことができる。
② 両議院は、各〻その会議の記録を保存し、秘密会の記録の中で特に秘密を要すると認められるもの以外は、これを公表し、且つ一般《いっぱん》に頒布《はんぷ》しなければならない。
③ 出席議員の五分の一以上の要求があれば、各議員の表決は、これを会議録に記載《きさい》しなければならない。
第五八条 両議院は、各〻その議長その他の役員を選任する。
② 両議院は、各〻その会議その他の手続及び内部の規律に関する規則を定め、又、院内の秩序をみだした議員を懲罰《ちょうばつ》することができる。但し、議員を除名するには、出席議員の三分の二以上の多数による議決を必要とする。

第五九条　法律案は、この憲法に特別の定のある場合を除いては、両議院で可決したとき法律となる。
②　衆議院で可決し、参議院でこれと異なつた議決をした法律案は、衆議院で出席議員の三分の二以上の多数で再び可決したときは、法律となる。
③　前項の規定は、法律の定めるところにより、衆議院が、両議院の協議会を開くことを求めることを妨げない。
④　参議院が、衆議院の可決した法律案を受け取つた後、国会休会中の期間を除いて六十日以内に、議決しないときは、衆議院は、参議院がその法律案を否決したものとみなすことができる。
第六〇条　予算は、さきに衆議院に提出しなければならない。
②　予算について、参議院で衆議院と異なつた議決をした場合に、法律の定めるところにより、両議院の協議会を開いても意見が一致《いっち》しないとき、又は参議院が、衆議院の可決した予算を受け取つた後、国会休会中の期間を除いて三十日以内に、議決しないときは、衆議院の議決を国会の議決とする。
第六一条　条約の締結《ていけつ》に必要な国会の承認については、前条第二項の規定を準用する。
第六二条　両議院は、各〻国政に関する調査を行ひ、これに関して、証人の出頭及び証言並びに記録の提出を要求することができる。
第六三条　内閣総理大臣その他の国務大臣は、両議院の一に議席を有すると有しないとにかかはらず、何時でも議案について発言するため議院に出席することができる。又、答弁又は説明のため出席を求められたときは、出席しなければならない。
第六四条　国会は、罷免の訴追《そつい》を受けた裁判官を裁判するため、両議院の議員で組織する弾劾《だんがい》裁判所を設ける。
② 弾劾に関する事項は、法律でこれを定める。

第五章　内閣

第六五条　行政権は、内閣に属する。
第六六条　内閣は、法律の定めるところにより、その首長たる内閣総理大臣及びその他の国務大臣でこれを組織する。
② 内閣総理大臣その他の国務大臣は、文民でなければならない。
③ 内閣は、行政権の行使について、国会に対し連帯して責任を負ふ。
第六七条　内閣総理大臣は、国会議員の中から国会の議決で、これを指名する。この指名は、他のすべての案件に先だつて、これを行ふ。
② 衆議院と参議院とが異なつた指名の議決をした場合に、法律の定めるところにより、両議院の協議会を開いても意見が一致しないとき、又は衆議院が指名の議決をした後、国会休会中の期間を除いて十日以内に、参議院が、指名の議決をしないときは、衆議院の議決を国会の議決とする。
第六八条　内閣総理大臣は、国務大臣を任命する。但し、その過半数は、国会議員の中から選ばれなければならない。
② 内閣総理大臣は、任意に国務大臣を罷免することができる。
第六九条　内閣は、衆議院で不信任の決議案を可決し、又は信任の決議案を否決したときは、十日以内に衆議院が解散されない限り、総辞職をしなければならない。

第七〇条　内閣総理大臣が欠けたとき、又は衆議院議員総選挙の後に初めて国会の召集があつたときは、内閣は、総辞職をしなければならない。

第七一条　前二条の場合には、内閣は、あらたに内閣総理大臣が任命されるまで引き続きその職務を行ふ。

第七二条　内閣総理大臣は、内閣を代表して議案を国会に提出し、一般国務及び外交関係について国会に報告し、並びに行政各部を指揮監督《かんとく》する。

第七三条　内閣は、他の一般行政事務の外、左の事務を行ふ。

一　法律を誠実に執行し、国務を総理すること。

二　外交関係を処理すること。

三　条約を締結すること。但し、事前に、時宜《じぎ》によつては事後に、国会の承認を経ることを必要とする。

四　法律の定める基準に従ひ、官吏に関する事務を掌理《しょうり》すること。

五　予算を作成して国会に提出すること。

六　この憲法及び法律の規定を実施するために、政令を制定すること。但し、政令には、特にその法律の委任がある場合を除いては、罰則を設けることができない。

七　大赦、特赦、減刑、刑の執行の免除及び復権を決定すること。

第七四条　法律及び政令には、すべて主任の国務大臣が署名し、内閣総理大臣が連署することを必要とする。

第七五条　国務大臣は、その在任中、内閣総理大臣の同意がなければ、訴追されない。但し、これがため、訴追の権利は、害されない。

第六章　司法

第七六条　すべて司法権は、最高裁判所及び法律の定めるところにより設置する下級裁判所に属する。

② 特別裁判所は、これを設置することができない。行政機関は、終審として裁判を行ふことができない。

③ すべて裁判官は、その良心に従ひ独立してその職権を行ひ、この憲法及び法律にのみ拘束される。

第七七条　最高裁判所は、訴訟に関する手続、弁護士、裁判所の内部規律及び司法事務処理に関する事項について、規則を定める権限を有する。

② 検察官は、最高裁判所の定める規則に従はなければならない。

③ 最高裁判所は、下級裁判所に関する規則を定める権限を、下級裁判所に委任することができる。

第七八条　裁判官は、裁判により、心身の故障のために職務を執《と》ることができないと決定された場合を除いては、公の弾劾によらなければ罷免されない。裁判官の懲戒《ちょうかい》処分は、行政機関がこれを行ふことはできない。

第七九条　最高裁判所は、その長たる裁判官及び法律の定める員数のその他の裁判官でこれを構成し、その長たる裁判官以外の裁判官は、内閣でこれを任命する。

② 最高裁判所の裁判官の任命は、その任命後初めて行はれる衆議院議員総選挙の際国民の審査に付し、その後十年を経過した後初めて行はれる衆議院議員総選挙の際更《さら》に審査に付し、その後も同様とする。

③　前項の場合において、投票者の多数が裁判官の罷免を可とするときは、その裁判官は、罷免される。

④　審査に関する事項は、法律でこれを定める。

⑤　最高裁判所の裁判官は、法律の定める年齢《ねんれい》に達した時に退官する。

⑥　最高裁判所の裁判官は、すべて定期に相当額の報酬《ほうしゆう》を受ける。この報酬は、在任中、これを減額することができない。

第八〇条　下級裁判所の裁判官は、最高裁判所の指名した者の名簿《めいぼ》によつて、内閣でこれを任命する。その裁判官は、任期を十年とし、再任されることができる。但し、法律の定める年齢に達した時には退官する。

②　下級裁判所の裁判官は、すべて定期に相当額の報酬を受ける。この報酬は、在任中、これを減額することができない。

第八一条　最高裁判所は、一切の法律、命令、規則又は処分が憲法に適合するかしないかを決定する権限を有する終審裁判所である。

第八二条　裁判の対審及び判決は、公開法廷でこれを行ふ。

②　裁判所が、裁判官の全員一致で、公の秩序又は善良の風俗《ふうぞく》を害する虞《おそれ》があると決した場合には、対審は、公開しないでこれを行ふことができる。但し、政治犯罪、出版に関する犯罪又はこの憲法第三章で保障する国民の権利が問題となつてゐる事件の対審は、常にこれを公開しなければならない。

第七章　財政

第八三条　国の財政を処理する権限は、国会の議決に基いて、これを行使しなければならない。

第八四条　あらたに租《そ》税《ぜい》を課し、又は現行の租税を変更《へんこう》するには、法律又は法律の定める条件によることを必要とする。

第八五条　国費を支出し、又は国が債務《さいむ》を負担するには、国会の議決に基くことを必要とする。

第八六条　内閣は、毎会計年度の予算を作成し、国会に提出して、その審議を受け議決を経なければならない。

第八七条　予見し難《がた》い予算の不足に充《あ》てるため、国会の議決に基いて予備費を設け、内閣の責任でこれを支出することができる。

②　すべて予備費の支出については、内閣は、事後に国会の承諾《しょうだく》を得なければならない。

第八八条　すべて皇室財産は、国に属する。すべて皇室の費用は、予算に計上して国会の議決を経なければならない。

第八九条　公金その他の公の財産は、宗教上の組織若しくは団体の使用、便益若しくは維持のため、又は公の支配に属しない慈善《じぜん》、教育若しくは博愛の事業に対し、これを支出し、又はその利用に供してはならない。

第九〇条　国の収入支出の決算は、すべて毎年会計検査院がこれを検査し、内閣は、次の年度に、その検査報告とともに、これを国会に提出しなければならない。

②　会計検査院の組織及び権限は、法律でこれを定める。

第九一条　内閣は、国会及び国民に対し、定期に、少くとも毎年一回、国の財政状況について報告しなければならない。

第八章　地方自治

第九二条　地方公共団体の組織及び運営に関する事項は、地方自治の本旨《ほんし》に基いて、法律でこれを定める。
第九三条　地方公共団体には、法律の定めるところにより、その議事機関として議会を設置する。
② 地方公共団体の長、その議会の議員及び法律の定めるその他の吏員は、その地方公共団体の住民が、直接これを選挙する。
第九四条　地方公共団体は、その財産を管理し、事務を処理し、及び行政を執行《しっこう》する権能を有し、法律の範囲内で条例を制定することができる。
第九五条　一の地方公共団体のみに適用される特別法は、法律の定めるところにより、その地方公共団体の住民の投票においてその過半数の同意を得なければ、国会は、これを制定することができない。

第九章　改正

第九六条　この憲法の改正は、各議院の総議員の三分の二以上の賛成で、国会が、これを発議し、国民に提案してその承認を経なければならない。この承認には、特別の国民投票又は国会の定める選挙の際行はれる投票において、その過半数の賛成を必要とする。
② 憲法改正について前項の承認を経たときは、天皇は、国民の名で、この憲法と一体を成すものとして、直ちにこれを公布する。

第十章　最高法規

第九七条　この憲法が日本国民に保障する基本的人権は、人類の多年にわたる自由獲得《かくとく》の努力の成果であつて、これらの権利は、過去幾《いく》多《た》の試錬《しれん》に堪《た》へ、現在及び将来の国民に対し、侵すことのできない永久の権利として信託されたものである。

第九八条　この憲法は、国の最高法規であつて、その条規に反する法律、命令、詔勅及び国務に関するその他の行為の全部又は一部は、その効力を有しない。

② 日本国が締結した条約及び確立された国際法規は、これを誠実に遵守《じゅんしゅ》することを必要とする。

第九九条　天皇又は摂政及び国務大臣、国会議員、裁判官その他の公務員は、この憲法を尊重し擁護《ようご》する義務を負ふ。

第十一章　補則

第一〇〇条　この憲法は、公布の日から起算して六箇《ろつか》月《げつ》を経過した日から、これを施行する。

② この憲法を施行するために必要な法律の制定、参議院議員の選挙及び国会召集の手続並びにこの憲法を施行するために必要な準備手続は、前項の期日よりも前に、これを行ふことができる。

第一〇一条　この憲法施行の際、参議院がまだ成立してゐないときは、その成立するまでの間、衆議院は、国会としての権限を行ふ。

第一〇二条　この憲法による第一期の参議院議員のうち、その半数の者の任期は、これを三年とする。その議員は、法律の定めるところにより、これを定める。

第一〇三条　この憲法施行の際現に在職する国務大臣、衆議院議員及び裁判官並びにその他の公務員で、その地位に相応する地位がこの憲法で認められてゐる者は、法律で特別の定をした場合を除いては、この憲法施行のため、当然にはその地位を失ふことはない。但し、この憲法によつて、後任者が選挙又は任命されたときは、当然その地位を失ふ。

本書は、二〇〇五年十一月に小社から刊行された『憲法はむずかしくない』（ちくまプリマー新書）に大幅に加筆したものです。

池上　彰の本

おしえて！　ニュースの疑問点

ニュースに思う
「なぜ？」「どうして？」に答えます。
今起きていることに
どんな意味があるかを知り、
自分で考えることが大事。
大人も子供もナットク！　の基礎講座。

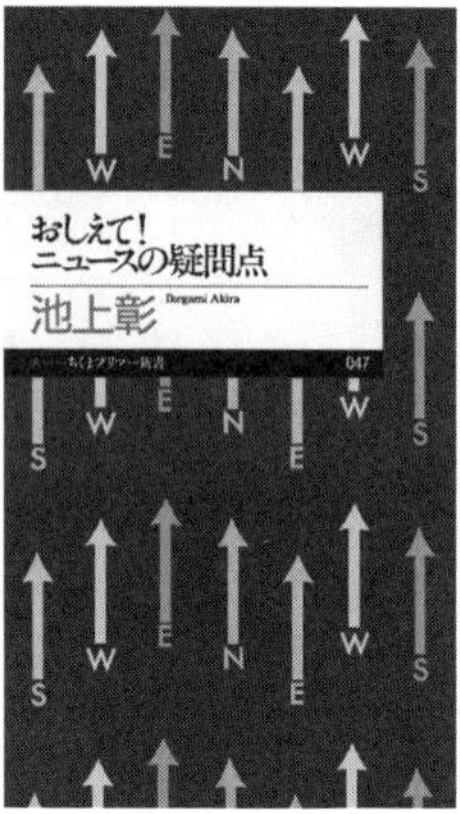

ISBN 978-4-480-68748-7

ちくまプリマー新書 047

池上 彰の本

「見えざる手」が経済を動かす

ちくまプリマー新書 080

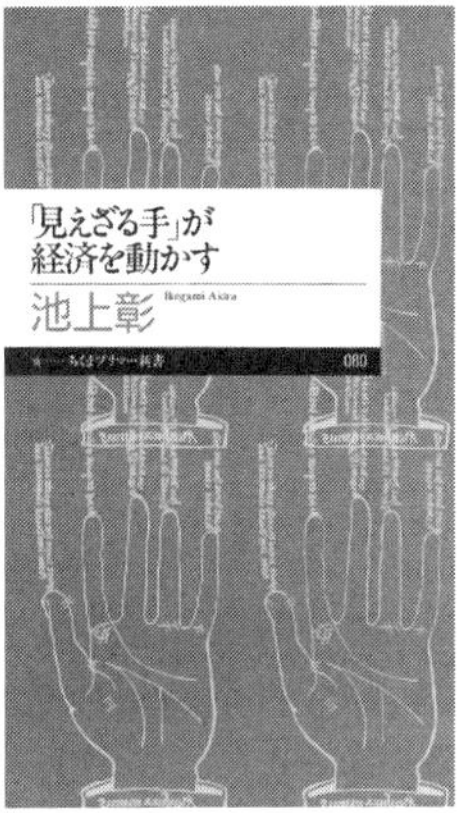

ISBN 978-4-480-68782-1

市場経済は万能？
会社は誰のもの？
格差問題の解決策は？
経済に関するすべてのギモンに答えます！
「見えざる手」で世の中が見えてくる。
待望の超入門書。

chikuma primer shinsho

ちくまプリマー新書 204
池上彰《いけがみあきら》の憲法入門《けんぽうにゅうもん》

二〇一三年十月十日　初版第一刷発行

著者　池上彰（いけがみ・あきら）
装幀　クラフト・エヴィング商會
発行者　熊沢敏之
発行所　株式会社筑摩書房
東京都台東区蔵前二-五-三　〒一一一-八七五五
振替〇〇一六〇-八-四一二三
印刷・製本　株式会社精興社

ISBN978-4-480-68906-1 C0232　Printed in Japan

乱丁・落丁本の場合は、左記宛にご送付下さい。
送料小社負担でお取り替えいたします。
ご注文・お問い合わせも左記へお願いします。
〒三三一-八五〇七　さいたま市北区櫛引町二-六〇四
筑摩書房サービスセンター　電話〇四八-六五一-〇〇五三